디지털 트랜스포메이션의 성공 조건

데이터 드리븐 고객 경험

디지털 트랜스포메이션의 성공 조건

데이터 드리븐 고객 경험

초판 1쇄 발행 2022. 12. 1.
2쇄 발행 2024. 4. 30.

지은이 이주호, 이선희
펴낸이 김병호
펴낸곳 주식회사 바른북스

편집진행 김재영
디자인 양현경

등록 2019년 4월 3일 제2019-000040호
주소 서울시 성동구 연무장5길 9-16, 301호 (성수동2가, 블루스톤타워)
대표전화 070-7857-9719 | **경영지원** 02-3409-9719 | **팩스** 070-7610-9820

•바른북스는 여러분의 다양한 아이디어와 원고 투고를 설레는 마음으로 기다리고 있습니다.

이메일 barunbooks21@naver.com | **원고투고** barunbooks21@naver.com
홈페이지 www.barunbooks.com | **공식 블로그** blog.naver.com/barunbooks7
공식 포스트 post.naver.com/barunbooks7 | **페이스북** facebook.com/barunbooks7

ISBN 979-11-6545-936-9 93320

디지털 트랜스포메이션의 성공 조건

데이터 드리븐 고객 경험

이주호 | 이선희 지음

CDP는 어떻게 고객 경험과 비즈니스의
혁신을 만들어내는가

디지털 트랜스포메이션은 결국 고객에게 답이 있다!

대전환기를 맞은 기업들의 고객 중심 생존 전략

고객 경험 관점의
디지털 트랜스포메이션
사례 분석

디지털 대전환 시대의
기업 생존 도구,
CDP의 모든 것

고객 데이터의
활용성 극대화를 위한
전략 프레임워크

바른북스

디지털 기술은 고객 없이 성공할 수 없다

어릴 적 공상과학 영화에서나 볼 수 있었던 신기한 기술들이 어느새 우리 일상에 스며들어 그것을 자연스럽게 받아들이고 있다는 사실을 생각해본 적이 있나요? 1980년대 전 세계적으로 큰 인기를 끌었던 미국 TV 드라마 '전격 Z작전(원제: Knight Rider)'은 매력적인 전직 형사 '마이클 나이트(Michael Knight)'가 주인공입니다. 그런데 그와 버금갈 정도로 유명한 사물 주인공이 또 하나 있었죠. 바로 '키트(Kitt)'라고 불리는 사람과의 자연스러운 대화는 물론, 모든 기능의 자체 컨트롤이 가능한 인공지능 자율주행 자동차입니다. 마이클은 위험에 처할 때마다 손목에 찬 무선통신 워치에 대고 "키트, 도와줘!"라고 외칩니다. 그러면 키트는 독립적으로 상황을 판단해 여러 방법으로 마이클을 도와주면서 사건을 해결하곤 했죠. 키트처럼 궁극의 모습은 아니지만, 오늘날 자율주행차는 실제 거리에 등장하며 상용화 단계로 막 들어섰고, 사람들의 친숙도도 높아지고 있습니다. 또한 무선통신 기술과 관련해서는 이제 거의 모든 통신기기에 선이라는 것을 찾아보기 힘들 정도로 일상화, 고도화되었습니다.

다른 사례를 하나 더 볼까요? SF 영화 역사상 최고의 걸작으로 꼽히는 '2001 스페이스 오디세이(2001: A Space Odyssey)'는 1968년 개봉했습니다. 영화는 개봉 당시보다 33년 후의 미래인 2001년, 몇 명의 사람들이 인류에게 문명의 지혜를 가르쳐준 검은 돌기둥의 정체를 밝히기 위해서 인공지능 컴퓨터 '할(HAL)'이 탑재된 우주선을 타고 목성으로 탐험을 떠난다는 내용입니다. 영화가 개봉했을 당시는 PC가 보급되거나 컬러TV가 상용화되기 한참 이전이었음에도 영화 속 인물들은 스마트 패드와 거의 유사한 기기를 통해 영상을 시청합니다. 그리고 스스로 진화하여 생각을 시작하는 AI(할)가 반란을 일으켜 인간과의 대결 구도를 만들기도 합니다. 현재는 어떤가요? 스마트폰과 패드 기술이 완전히 성숙되어 사람들은 차세대 스마트 기기를 기대하고 있을 정도지요. 또 전문가들은 인공지능이 연쇄적인 자가발전을 통해 인간 이상의 지능폭발을 일으킨다는 '초지능'의 가능성을 충분히 인정하고, 이에 대한 인류적 대응을 논하고 있는 수준입니다.

그렇습니다. 영화 속에서만 상상했던 일들이 이제는 현실이 되고 있습니다. 이는 디지털 기술이 최근 수십 년간 빠른 속도로 큰 발전을 거듭해왔기에 가능해졌습니다. 오늘날을 가히 문명의 혁신이라 불리는 '디지털 대전환 시대'라고 할 만하지요.

그런데 이러한 디지털의 진보를 과연 기술적 관점으로만 생각해야 할까요? 기술은 인간이 경험했을 때 가치를 느끼지 못하면 절대 스스로 가치를 발산할 수 없습니다. 2013년 스마트폰의 일부 기능을 안경에 장착한 '구글 글래스(Google Glass)'가 사람들의 큰 관심 속에 출시되었지만, 2015년 초 판매가 바로 중단됩니다. 스마트폰에 비해 크게 제한된 기능, 전자기기를 눈과 머리에 초근접해 사용하는 것에 대한 불안함, 그리고 누군가가 자신도 모르게 사진이나 영상을 촬영해 유포하지는 않을까 하는 걱정 등이 사람들의 긍정적인 반응을 이끌어내지 못했던 것입니다. 물론 이러한 시도는 궁극적으로 기술 개발을 위한 고도의 전략이기도 합니다. 새로운 기술이 접목된 제품을 시장에 빠르게 론칭한 후, 제품에 대한 고객들의 생생한 반응과 니즈를 파악하고, 이를 기반으로 후속 기술이나 제품을 고객들이 원하는 수준으로 개선하려는 목적일 수 있다는 것입니다. 최근에 실제 사용성이 크게 개선된 스마트 글래스들이 속속 출시되고 있다는 사실만 봐도 기업들이 그러한 전략을 펼치고 있다는 것을 알 수 있지요. 결국 기술은 고객을 제대로 이해해, 그에 맞는 기능으로 구현될 때 비로소 가치로 변환된다고 할 수 있습니다.

디지털 대전환 시대의 복잡미묘한 고객을 이해한다는 것

그렇다면 우리는 고객을 어떻게 이해해야 할까요? 오래전부터 기업들은 고객을 이해하는 데 데이터를 활용해왔습니다. 고객에게 직접 질문하여 얻은 조사 데이터나 고객의 개인정보, 구매이력 등의 데이터를 활용하여 고객의 니즈나 구매 패턴, 구매 가능성 등을 파악하는 것은 언제부터인가 기본이자 핵심적인 업무가 되었지요.

그리고 지금은 디지털 전환의 시대가 도래하면서 활용할 수 있는 고객 데이터가 이전 시대보다 훨씬 많아졌습니다. 사람들은 PC와 스마트 기기를 활용해 온종일 디지털과 맞닿아 살아가고 있습니다. 이 과정에서 만들어지는 사람들의 디지털 흔적들, 즉 앱이나 웹에서의 모든 클릭과 터치, SNS에서 남기는 문장, 해시태그, 이미지, 온라인 쇼핑몰에서 남기는 후기와 검색어 등이 모두 데이터화되고 있는 것이지요. 예전에는 활용할 수 있는 데이터가 제한적이었기에 사실 각 기업이 데이터를 활용하는 수준은 크게 차이가 나지 않았습니다. 그런데 이제 새로운 디지털 데이터가 기하급수적으로 폭증함에 따라, 이를 잘 활용하는 기업과 그렇지 않은 기업이 구분되기 시작했습니다. 데이터 활용에 진심인 기업들은 예전에는 몰랐던 고객들의 면면을 더 잘 볼 수 있게 되었고, 이는 곧 비즈니스 경쟁력의 강화로 연결할 수 있게 되었습니다.

데이터를 잘 활용한다는 것, 사실 쉽지만은 않습니다. 이제는 데이터를 통해, 고객을 넘어 고객 경험 여정 전체를 이해해야 하는 시대로 접어들고 있기 때문입니다. 디지털 활동이 극단적으로 많아졌지만, 오프라인 공간은 여전히 우리 삶의 중심이기에 고객들은 디지털과 오프라인을 넘나들며 기업과 브랜드를 경험하고 있습니다. 또한 요즘 고객들은 무언가를 구매하고 사용하는 전체 여정에서 끊임없이 타 브랜드와 비교하고, 본인의 경험을 불특정 다수의 사람들과 실시간으로 나누고 있지요. 이렇듯 최근 고객들의 경험 여정은 굉장히 비정형적이고 복잡하다고 볼 수 있습니다.

또한 고객들은 기업이 본인을 잘 이해해 자신의 성향과 상황에 딱 맞는 오퍼를 제시하길 원합니다. 그러면서도 과하지 않길 바라기도 하지요. 또 고객들은 기업의 이러한 개인 맞춤형 마케팅 활동들에 모두 자신의 데이터가 활용되고 있다는 것을 이해하고 있을 정도로 스마트하기까지 합니다. 이는 넘쳐나는 데이터 속에서 고객들이 자신의 정보와 프라이버시 보호에 대한 중요성에 눈을 떴다는 이야기도 됩니다. 보이스피싱이나 스팸 등의 급증, 굴지의 글로벌 기업들의 개인정보 유출 사고, 그리고 데이터 기반의 알고리즘이 자신에게 편향된 정보만을 제공하는 '필터 버블(Filter Bubble)' 등은 고객들이 개인정보보호에 대해 각성하게 만드는 계기가 되었습니다. 기업들에게는 굉장히 난해한 상황이 된 것이죠. 고객의 경험 여정을 이해하여 고객이 원하는 개인화된 소통을 더 잘하기 위해서는 더 많은 데이터의 활용이 필수적인데, 개인정보보호 차원에서 '규제에 맞춰 적정 수준에서 데이터를 활용'해야 한다니, 정말 복잡미묘하지 않을 수 없습니다.

고객 경험 여정을 이해하기 위한 핵심 도구, Customer Data Platform

이 같은 고민에 대한 해결책이 2010년대 중반 선보이게 됩니다. 바로 CDP(Customer Data Platform)가 시장에 등장한 것이죠. CDP는 온오프라인에서 생성되는 모든 유형의 고객 데이터를 개인 고객 기준으로 통합하고, 이를 통해 초개인화 등 고객 경험을 개선하기 위한 여러 활동을 가능하게 하는 시스템입니다. 미국을 중심으로 글로벌 시장에서는 많은 기업이 이미 CDP를 도입했고, CDP 시장은 나날이 팽창하고 있습니다. 국내에서는 CDP를 인지하기 시작한 지 불과 몇 년밖에 되지 않았지만, 여러 기업의 관계자들과 만나보면 국내에서도 CDP에 대한 본격적인 검토가 이루어지고 있다는 것을 알 수 있습니다. 그 과정에서 CDP 도입에 대한 기술적·전략적인 접근 방법에 대해 질문을 많이 받는데, 우리는 대개 이렇게 답변합니다.

"최신 CDP 솔루션이든 커스터마이징한 CDP 시스템이든, 현실적인 수준에서의 기술적 완벽함을 갖도록 도와드릴 수는 있습니다. 다만 물리적인 솔루션과 시스템 그 자체가 만병통치약은 절대 아닙니다. 고객과 비즈니스에 어떠한 가치를 줄 수 있을지가 반드시 함께 고민되어야 하고, 내부적으로 잘 운영되고 활용될 수 있도록 거버넌스 체계와 조직 문화의 혁신도 동시에 검토되어야 합니다. 그렇지 않으면 CDP를 구현해놓고 어디에 써야 할지 몰라 갈팡질팡하게 될 수 있습니다. 또 조직적인 사일로(Silo) 때문에 활용 범위에 제한이 생기거나, 심지어 필요한 데이터도 확보하지 못하게 되는 등 너무나도 다양한 문제가 발생할 수 있어, 프로젝트의 성공을 보장할 수 없습니다."

방금 말한 이야기 속에 이 책을 기획한 이유가 있습니다. 디지털 전환에 대응하기 위한 CDP의 도입과 활용 전반에 대해 기술적인 포인트뿐만 아니라, CDP의 이용 가치를 다각도로 바라보며 현재 디지털 전환 관련 문제에 고심하고 있는 사람들과 소통하고 싶었습니다.

책의 구성을 간단히 살펴보면, 1장에서는 디지털 트랜스포메이션의 본질을 바라보는 관점과 고객 데이터 활용의 중요성에 대해 약간은 가벼운 언어로 독자들과 눈높이를 맞춰보고자 했습니다. 2장은 CDP의 전반적인 개요와 기술적 가치, 그리고 기술 외의 핵심 성공 요소를 다루고 있고, 3장에서는 CDP와 고객 데이터를 어떻게 고객 경험과 비즈니스 가치로 만들 수 있는지 깨우칠 수 있는 몇몇 사례와 방법론을 중심으로 이야기합니다. 4장은 CDP 도입을 검토할 때 범용적으로 참고할 수 있는 아키텍처를 활용하여, 기술적인 부분을 조금은 쉽게 다루고자 했고, 마지막 5장에서는 이 모든 것이 성공적으로 안착하기 위한 데이터와 조직적 거버넌스, 인적 역량, 조직 문화 등 CDP를 둘러싼 이상적인 환경을 그려보았습니다.

이 책은 다음과 같은 독자들에게 조금이나마 도움이 될 수 있으리라 생각합니다.

1) 데이터와 디지털 기술을 어떻게 회사의 비즈니스 성과로 연결해야 하는지 고민하는 경영진

2) 데이터를 활용한 고객 경험 개선에 대한 구체적인 이해가 필요한 조직(마케팅, 영업, 고객 서비스, 상품/서비스 개발 등)의 리더 및 실무자

3) 고객 데이터의 수집 - 통합 - 활용 - 관리 전반의 IT와 정책, 거버넌스를 담당하며 디지털 트랜스포메이션을 리딩하는 조직(CIO, CDO, 업무혁신 등)의 리더 및 실무자

4) 회사의 비즈니스 전략을 수립하고 이와 연계된 디지털 트랜스포메이션의 중장기 로드맵을 고민하는 조직(전략기획, 경영기획, 디지털 트랜스포메이션 기획 등)의 리더 및 실무자

5) 온라인, 오프라인 상관없이 B2C 비즈니스를 영위하는 중소형 사업체나 스타트업 종사자

6) 디지털 트랜스포메이션, 데이터 드리븐, 고객 경험 등 디지털 시대의 새로운 키워드에 관심을 갖고 향후 관련 커리어를 고민하는 학생

이 책이 다루는 영역은 다소 전문적일 수도 있지만, 여러 사례를 접목하여 최대한 이해하기 쉽게 풀어냈기 때문에 독자들에게 큰 무리 없이 다가갈 수 있으리라 생각합니다. 다만, 4장은 플랫폼의 기술과 구현의 관점에서 CDP를 다루고 있기에 관련 분야 종사자가 아니라면 모든 것을 이해하기는 어려울 수도 있습니다. 그렇더라도 '디지털 전환 핵심 기술의 큰 흐름을 보겠다'라는 마음으로 읽어나가면 와닿을 수 있는 부분이 더 많을 것이라 생각합니다.

한번 디지털의 효용을 맛본 인류는 메타버스, 블록체인, 인공지능 등 신기술의 성숙 과정에서 머지않아 한층 더 확장된 디지털 세상을 만들어낼 것이 분명합니다. 그렇게 되면 우리 인류는 거의 무한대로 데이터가 생산되는 시대를 맞이하게 될 겁니다. 지금도 엄청난 속도로 데이터가 증가하고 있는데도 말이죠.

이를 지금부터 대비하는 기업과 그렇지 않은 기업의 미래 경쟁력 차이는 불을 보듯 뻔할 것 같습니다. 이 책이 디지털 대전환에 관련한 모든 문제의 정답을 줄 수는 없겠지만, 여러분들 스스로 답을 찾아가는 여정에서의 기준과 방향성을 잡는 데 조금이나마 도움이 될 수 있기를 바랍니다.

목차

○ 프롤로그 ○

디지털 트랜스포메이션, 결국 '고객'이 중심

1. 디지털 대전환의 시대, 인간을 이해하는 디지털 전략

기업들에게 절대적 가치로 받아들여지는 디지털 전환 25
디지털 대전환, 인간 중심의 대전환을 이루다 29
디지털 트랜스포메이션의 핵심 역량=기업의 근간인 '고객'을 이해하는 것 32

2. 고객 중심 디지털 트랜스포메이션의 엄청난 파괴력

전통 선진 기업들의 고객 중심 디지털 트랜스포메이션 전략 37

[제조] D2C를 통한 팬덤 확보 전략의 표본, 나이키(NIKE) 37

[유통] 본업 경쟁력인 오프라인을 활용한 디지털 혁신 모델러, 월마트(Walmart) 46

[금융] 금융 디지털 트랜스포메이션의 글로벌 아이콘, DBS 53

3. '고객 데이터', 디지털 시대 기업 생존의 열쇠

고객 데이터란 무엇인가? 정의를 내려보자 61

고객 데이터는 어떻게 관리하고 있나? 64

기존 고객 데이터 관리와 활용의 한계를 극복한 'CDP'의 탄생 66

고객 중심 디지털 전환의 핵심, CDP란 무엇인가?

1. CDP와 시장 지형의 이해

초개인화(Hyper Personalization)를 향한 첫걸음 73
급격하게 성장하고 있는 CDP 시장 76
다양한 얼굴을 가진 CDP 솔루션 81

2. 고객 중심 디지털 전환을 위한 CDP 전략

CDP가 제공하는 기술적 핵심 가치 85
완벽한 기술에도 불구, 디지털 전환에 실패하는 이유 97
CDP의 활용 모습을 전방위로 검토하라 - 비즈니스, 그리고 거버넌스 전략과의 연계 99
성공적인 CDP 프로젝트를 위한 전략적 접근 방안 110

3장

고객 데이터는 어떻게 고객과 비즈니스 가치로 전환되는가

1. 데이터를 활용하여 고객 경험을 개선하다

고객 경험 중심의 비즈니스 전략 117
확장된 고객 경험의 관점, 총체적 경험(Total Experience) 122
새로운 고객 경험을 디자인하고 데이터로 경험을 개선하다 125
기존 업무에도 고객 경험의 관점과 데이터를 적용하다 135

2. 고객 경험과 비즈니스의 동반 성장을 만들어내는 방법

고객을 넘어 '고객 경험 여정(Customer Experience Journey)' 관점에서의 인사이트 확보 149
고객 경험 개선을 위한 유스케이스(Usecase) 시나리오 디자인 153
지속반복적 A/B테스트를 통한 시나리오 최적화 157
KPI를 통한 고객 경험 및 비즈니스 성장 모니터링 160
데이터에서 의미와 전략을 빼내다, 데이터 리터러시(Data Literacy) 166

성공적인 CDP 구현을 위한 핵심 전략

1. CDP 기획의 핵심 요소

디지털 전환의 걸림돌, '데이터 사일로'의 해결 179
'실시간'의 중요성 184

2. 그 많은 데이터를 어떻게 수집하는가

데이터의 옥석을 가려라 187
디지털 채널에는 흔적이 남는다 189

3. 개인 고객을 중심으로 데이터를 통합하다

고객 정보 통합 관리 195
고객 정보에 대한 프로파일 생성 199
'표준화 모델링' 수립을 통한 데이터 통합 202

4. 고객 데이터를 저장하는 방법

데이터 저장소의 구성 207
개인정보 모델링 방안 210

5. 디지털 혁신 가속화를 위한 자동화 적용

데이터 관리 최적화를 위한 DataOps 217
데이터처리 개발자동화 도구 220
개인정보 점검 자동화 222
개인정보 파기 프로세스 자동화 225

5장

데이터 활용성을 극대화하는 거버넌스 전략

1. 데이터 및 데이터 분석을 위한 거버넌스

고객 데이터에는 더 좋은 데이터가 필요하다 234

2. 개인정보보호와 보안

고객 동의 관리 240
개인정보 라이프 사이클(Life Cycle) 242
개인정보보호에 대한 사회 보편적 가치, 데이터 윤리(Data Ethics) 245

3. 고객 중심 디지털 전환을 가능하게 하는 조직 문화

조직 전반의 혁신이 고객 중심 디지털 전환을 이끈다 254
전략의 실행은 결국 사람의 몫이다 262

DIGITAL TRANSFORMATION

1

디지털 트랜스포메이션, 결국 '고객'이 중심

디지털 대전환의 시대, 인간을 이해하는 디지털 전략

기업들에게 절대적 가치로 받아들여지는 디지털 전환

바야흐로 진정한 디지털과 데이터의 세상이 도래하고 있다. 빅데이터, AI, IoT, 블록체인, 메타버스와 같은 디지털 신기술의 발달과 더불어, 인류는 새로운 것에 대한 저항과 순응을 반복하며 삶의 방식과 문화를 점진적으로 변화시켜왔다. 또 전 세계를 공포로 몰아넣었던 코로나 팬데믹은 이 변화의 속도를 가늠할 수 없을 만큼 가속화하며 멀게만 보이던 디지털의 미래를 앞당겼다. 이제는 완전히 디지털 중심의 세상으로 탈바꿈하고 있는 것이다.

이렇듯 우리는 디지털로 인한 세상의 변화를 몸소 느끼고 있다. 1990년대 PC와 인터넷의 상용화는 사람들에게 지식정보(데이터)에 대한 접근성을 획기적으로 높였고, 서로를 실시간으로 연결함으로써 소통의 혁신을 가져왔다. 2000년대 스마트폰의 등장은 또 어땠나? 언제 어디서나 스마트폰이라는 하나의 기기로 일상의 모든 것을 가능케 함으로써, 그야말로 스마트한 세상을 인간에게 선물했다. 또한 인공지능을 장착한 기계가 인간의 생활, 기술, 언어를 이해하기 시작하면서 사람의 말 한마디에 음악을 틀거나 음식을 주문해주기도 한다. 이뿐만 아니라, 인간이 직접 조종했던 자동차나 헬기 같은 운송수단은 도로나 하늘에서 스스로 움직이기 시작했다. 이처럼 기존 질서가 붕괴되고 문명이 디지털을 중심으로 급격하게 전환되고 있는 모습은 명백한 역사적 현상으로 인식되고 있다.

전 세계 대다수 기업은 이러한 변화에 대한 대응을 다양한 방식으로 표현해내며 전략적 기조로 삼았다. 새로운 밀레니엄의 시작을 알렸던 2000년대 초반 즈음에도, 지금의 디지털 트랜스포메이션(Digital Transformation)만큼이나 모두가 주목했던 키워드가 있었다. 바로 '디지털 컨버전스(Digital Convergence)'다. 당시 많은 기업은 경쟁력을 강화하는 방안으로 이를 숙명처럼 여겼다. 디지털 컨버전스란 MIT 교수이자 IT계의 미래학자라 불리는 니콜라스 네그로폰테(Nicholas Negroponte)가 1995년 그의 저서 "디지털이다(Being Digital, 출간된 지 30년 가까이 되었지만 현상을 보고 미래에 대한 인사이트를 제시하는 데 있어서 아직도 많은 사람이 참고하고 있다)"에서, 디지털 기술의 발달로 기존의 기술, 서비스, 산업 등의 구분이 모호해지며 모든 것이 융합되는 포괄적 현상을 설명한 데서 비롯된 개념이다.

| "디지털이다(Being Digital)"와 니콜라스 네그로폰테 |

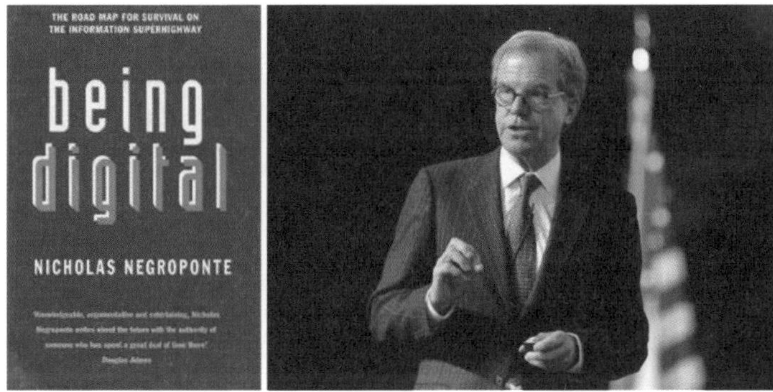

출처: literariness.org

디지털 컨버전스를 넘어서 지금도 디지털과 관련한 수많은 용어가 사용되고 있다. 기존 업무에 디지털을 접목하여 프로세스를 혁신하는 '디지털라이제이션(Digitalization)', 여기에 비즈니스 모델의 혁신까지 포함하는 '디지털 트랜스포메이션(Digital Transformation)', 사물인터넷(IoT)을 통해 생산기기와 생산품 간 상호 소통 체계를 구축하고 전체 생산 과정을 최적화한다는 '4차산업혁명(Industry 4.0)', 디지털 신기술 기반의 혁신적 비즈니스 모델로 산업 간의 경계를 허물고 새로운 시장을 창출하여 선도한다는 '파괴적 혁신(Disruptive Innovation)' 등이 그것이다. 그런데 이들을 구체적으로 살펴보면, 비즈니스냐 프로세스냐, 혹은 생산단에 국한되었는지 등을 따지지 않는다면 모두 유사한 개념으로 수렴된다. 이렇듯 디지털을 기반으로 하는 변화는 수십 년 동안 기업의 관점에서 절대적 가치로 받아들여지고 있다. 디지털을 중심으로 기업의 혁신을 꾀하고, 디지털을 통해 새로운 가치를 창출해나간다는 의미다.

글로벌 경영 컨설팅 기업인 보스턴 컨설팅 그룹(BCG)의 연구조사가 이러한 기업의 전략적 변화 노력에 실체가 있음을 뒷받침한다. 조사 결과에 따르면 이런 전략을 통해 디지털 변혁을 선도하는 기업들은 그렇지 못한 기업들에 비해 수익은 1.8배나 높고 기업가치는 두 배 이상의 성장률을 기록하고 있으며, 글로벌 기업 중 80% 이상이 앞으로도 디지털 트랜스포메이션을 통해 경쟁력을 고도화할 계획을 갖고 있다고 한다.

디지털 대전환,
인간 중심의 대전환을 이루다

그렇다면 기업이 아닌 인간의 관점에서는 디지털 시대로의 전환을 어떻게 해석할 수 있을까? 디지털 기술과 기기의 발전이 사람들의 사고와 행동양식을 바꾸고 있다는 것은 두말할 필요가 없다. 일상생활에서 우리에게 빼놓을 수 없는 디지털 기기인 스마트폰을 두고 생각해보자. 세대를 막론하고 사람들에게는 언제부터인가 자신들 삶에 혁신적인 편의성과 재미를 주는 스마트폰의 활용이 일상이 되기 시작했다. 미국의 스마트폰 거래 플랫폼인 뱅크마이셀(bankmycell)에 따르면, 2022년을 기준으로 전 세계 인구의 자그마치 83.32%가 스마트폰을 사용하고 있다고 한다. 영국의 경제주간지 이코노미스트(The Economist)지는 2015년 인간을 '포노 사피엔스(Phono Sapiens: 생각하는 사람이라는 Homo Sapiens를 빗댄 말로, 스마트폰을 신체나 뇌의 일부와 같이 사용하는 사람이라는 뜻)'로 칭하며 스마트폰이 새로운 인류를 탄생시켰다고 규정지을 정도였다.

| 전 세계 스마트폰 사용 현황 |

How Many People Have Smartphones In The World?

6.64Billion
smartphone users in the world today

83.32%
of people have smartphones today

How Many People Have Mobile Phones In The World?

7.26Billion
mobile phone users in the world today
91.00%
of people own mobile phones today

출처: bankmycell

이러한 새로운 인류가 코로나 팬데믹을 맞이했다. 어떤 상황을 그려볼 수 있을까? 글로벌 경영 컨설팅 기업 맥킨지(McKinsey & Company)는 "다소 점진적이었던 디지털 문명으로의 전환이 코로나로 인해 20~25배 빨라지고 있으며, 비대면 경제(Contactless Economy) 성장에 따른 데이터의 폭증이 다시 디지털 전환을 가속화한다"고 했다. 비대면과 거리두기가 강제화되면서 재택근무와 화상미팅, 원격수업이 일상이 되었고, 온라인 구매와 배달 주문, SNS의 사용률은 폭증했다. 사람들은 스마트폰을 아침에 일어나서부터 잠자리에 들 때까지 절대 손에서 놓지 않으며 마치 자신과 생체적으로 연결된 듯 사용하기 시작했고, 당시 활용도가 낮아지던 태블릿과 노트북의 구매 욕구도 폭발했다. 심지어 랜선 회식, VLOG('Video'와 'Blog'의 합성어로, 자신의 일상을 동영상으로 촬영한 영상 콘텐츠), 원격 트레이닝 등 새로운 문화도 계속해서 탄생했다.

| 1분기 기준 글로벌 노트북 출하량 |

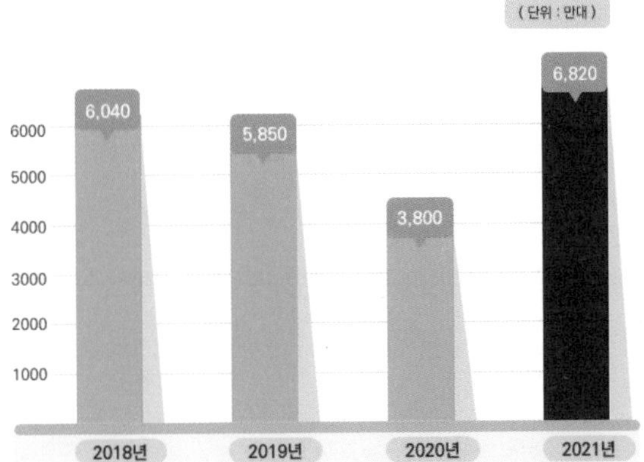

자료: SA(Strategy Analytics)

| VLOG 촬영 장면 |

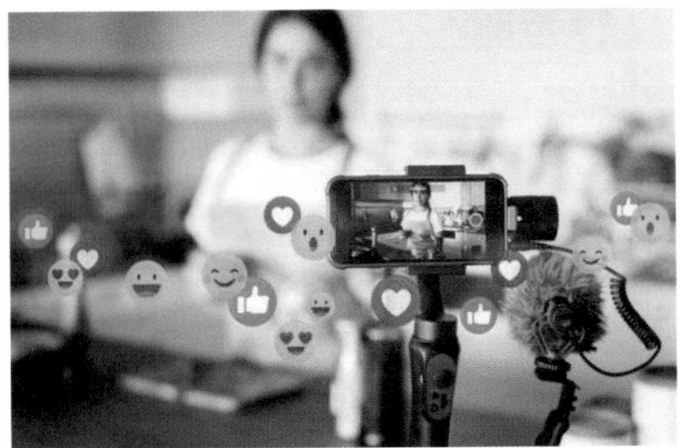

출처: neilpatel.com

새로운 시대를 맞이한 인간에게 있어 디지털 기술은 이제는 부차적인 수단일 뿐, 인류의 역사가 그래왔듯 사람들은 스스로 변화에 적응하며 새롭게 진화하고 있는 것이다. '옷은 입어보고 사야지', '물건은 만져보고 사야지', '회의는 얼굴을 보며 해야지'와 같이 그간 전통적으로 잠재되어 있던 인간의 기본적인 행태나 습성 따위는 이제 더 이상 통용되지 않게 되었다. 결국 디지털 대전환이라는 명제는, 인간이 디지털 기술을 활용하여 그동안의 사고방식, 행동양식, 소비문화, 교류방식 등에 스스로 혁명을 일으키고 있는 '인간 중심의 대전환'으로 규정할 수 있다.

디지털 트랜스포메이션의 핵심 역량 = 기업의 근간인 '고객'을 이해하는 것

다시 기업의 관점으로 돌아와서 생각해보자. 그렇다면 현재 인간 중심의 디지털 전환 시대를 맞이한 기업들이 핵심적으로 갖추어야 할 전략과 역량은 무엇인가? 기업은 고객 없이 존재할 수 없다. 모든 인간은 기업의 잠재고객이기에, 결국 기업은 급변하는 고객의 니즈와 성향 등 모든 것을 면밀하게 이해하는 것이 디지털 전환 시대에도 필요한 전략과 역량의 근간일 것이다. 탈레스 테이셰이라

(Tales. S. Teixeira) 전 하버드대 교수는 그의 베스트셀러 저서 '디커플링(Decoupling)*'에서 "디지털 기반 파괴적 혁신은 기술과 기업이 주도하는 것이 아니라 고객이 주도하는 것"이라고 했다. 또한 글로벌 No.1 CRM 기업인 세일즈포스(Salesforce)의 마크 베니오프(Marc Benioff) 회장은(물론 CRM 기업가임을 감안하더라도) "모든 디지털 전환은 고객과 함께 시작되고 끝난다. 이야기를 나누어본 모든 CEO에게서 그 사실을 알 수 있었다"라고도 했다. 그렇다. '고객을 알고 이해한다'라는 너무나 당연하고 어쩌면 식상할 수도 있는 전통적인 개념이 디지털 대전환 시대에 대응해야 하는 기업들의 '관점'이다.

글로벌 시장에서의 변화를 들여다보면, 소위 빅테크(Big-Tech)로 무장하고 압도적인 경쟁력을 갖춘 디지털 네이티브 기업들이 출현하면서 오랫동안 시장을 지배하던 전통 기업들의 생존을 위협하고 있다. 심지어 구글(Google)과 같이 검색 포털로 시작한 기업이 솔루션 기업으로, 알리바바(Alibaba)처럼 이커머스 기업으로 시작한 기업이 핀테크 기업으로 그 사업 영역을 확장하고 있다. 이는 기존의 경쟁구도는 무한히 확장되고 있다는 의미이며, 인더스트리와 도메인 내에서의 경계는 이제 큰 의미가 없어지고 있다는 상황을 말해준다.

---

* 최근의 파괴적 게임체인저(Game-Changer)들은 고객가치사슬(Customer Value Chain)인 [탐색 - 평가 - 구매 - 사용]상에서 고객이 불편해하는 어떤 단계를 빠르게 파악하여 분리해내고, 디지털 기술을 이용해 그 단계를 고객 경험 관점에서 혁신하는 것으로 시장을 장악한다는 개념

| Digital Native 기업들 |

검색포털	Google	Baidu 百度	NAVER
커머스	amazon	Alibaba Group	coupang
소셜네트워크	Meta	twitter	kakao
핀테크	stripe	蚂蚁集团 ANT GROUP	toss
모빌리티	TESLA	Uber	타다
미디어	YouTube	NETFLIX	TVING
레 저	airbnb	Hotels.com	yanolja

물론 파괴적 경쟁과 디지털 패러다임에 적절히 대응하지 못해서 기존에 구축해왔던 지위를 잃는 기업들도 속출하고 있지만, 이 위기를 오히려 디지털 트랜스포메이션의 절실한 기회로 삼아 재도약의 발판으로 삼고 있는 경우도 많다. 혁신적 변화를 이룩한 전통 기업들을 보면, 우선 급변하는 고객의 니즈와 페인 포인트(Pain Point, 소비자의 고충점)를 면밀하게 파악하고자 했고, 이를 고객과 비즈니스 가치로 전환하기 위한 필사적인 노력 과정에서 데이터와 디지털 기술을 핵심적 도구로 활용했다.

고객 중심 디지털 트랜스포메이션의 엄청난 파괴력

전통 선진 기업들의 고객 중심 디지털 트랜스포메이션 전략

[제조] D2C를 통한 팬덤 확보 전략의 표본, 나이키(NIKE)

2019년 말, 스포츠웨어의 대명사 나이키의 신임 CEO 존 도나호(John Donahoe)는 "이제 고객과 직접적으로 소통하는 데 집중하겠다"라며 아마존(Amazon.com)에서 더 이상 제품을 판매하지 않기로 결정했다. 이때까지 아마존에서 50% 이상의 온라인 매출을 기록하고 있던 나이키의 이 같은 위험천만한 철수 결정은 유통사를 거치지 않고 자체 몰에서 고객과 직접 관계하겠다는 D2C(Direct to Consumer, 제조업자가 유통사를 거치지 않고 소비자를 자사 몰로 유입시켜 직접 판매하는 이커머스 형태를 말한다) 전략 강화의 일환이었다. 당시에는 리스크가 매우 큰 결정이었을 수도 있었지만, 이 전략은 엄청난 성공으로 이어졌으며 지금도 D2C 전략을 펼치고자 하는 기업들의 No.1 벤치마킹 대상이 되고 있다.

| 나이키 매출 및 성장률 추이 |

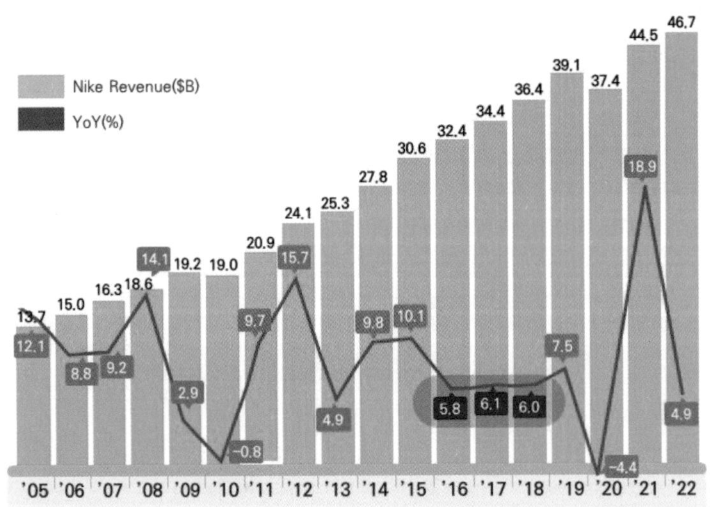

자료: Statista

2015년까지 금융위기 등 일부 시기를 제외하고 매년 10%를 넘나드는 고성장을 구가하던 나이키는 2016년부터 경쟁사, 특히 아디다스의 3선 패션 공세에 타격을 입었다. 성장률이 5~6%로 떨어짐과 동시에 주가도 폭락하기 시작했던 것이다. 상황을 그대로 방치할 수는 없었다. 무언가 반전을 꾀할 만한 혁신적인 전략이 반드시 필요한 시점이었다. 고심 끝에 나이키는 디지털로 빠르게 변화하고 있는 시장과 고객의 트렌드, 그리고 고객의 면면을 더 깊이 이해하고, 이를 앞으로의 사업 방향에 담기 위한 핵심 전략으로 디지털 기반의 D2C를 꺼내 들었다. D2C는 고객과 직접거래가 가능하기에 유통 비용을 낮출 수 있다는 다소 일차원적이지만 명확한 장점이 있다. 그러나 나이키의 D2C 전략은 이렇게 단순하지 않았다. 나이키는 고객과의 직접적인 관계를 통해 양질의 데이터를 수집하고, 이를 기반으로 더 나은 쇼핑 및 사용 경험을 새로운 서비스로 제공하는 것을 D2C의 핵심 전략으로 삼았다. 즉 고객의 기대에 부응하거나 고객 만족도를 높일 수 있는 다양한 시도를 고객에게 직접적으로 시행하고, 여기서 확보한 고객 데이터를 기반으로 신제품 출시나 프로모션 등 마케팅 측면에서도 민첩하게 대응할 수 있는 디지털 환경을 구축하겠다는 의지였다. 결국 나이키의 디지털 기반 D2C 전략은 나이키에 대한 고객들의 팬덤(Fandom: 특정한 인물이나 브랜드를 열성적으로 좋아하는 사람들의 집단)을 극대화해 큰 성공을 이루어냈다.

| D2C(Direct to Consumer) 개념 |

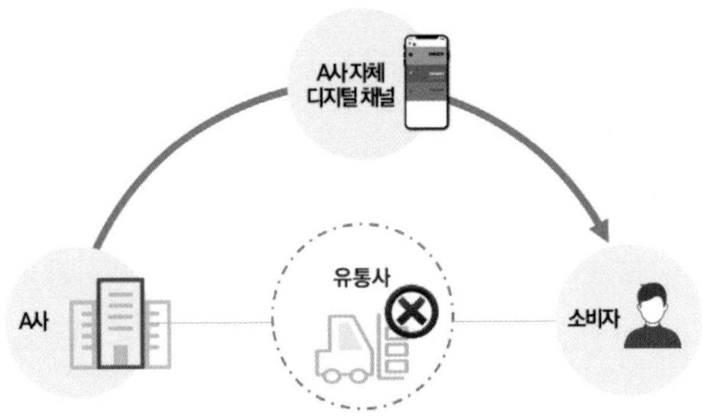

우선 'nike.com'을 직접 판매를 강화하기 위한 커머스 중심 채널로 포지셔닝하면서, 기존 유통망과의 관계를 전반적으로 축소하며 일부 전략적 관계 설정에 주력했다. 아마존과 같이 매출 측면에서는 도움이 되나 나이키의 브랜드 가치를 차별화하여 고객 경험을 높이기는 힘든 유통업체와의 관계는 정리하였고, 상대적으로 규모는 작지만 고객에게 브랜드 경험을 잘 전달할 수 있는 업체와는 좀 더 끈끈한 파트너십을 맺었다. 예를 들면, 운동화 전문 체인인 풋 로커(Foot Locker)에서의 판매 방식이 있다. 풋 로커 매장에는 눈에 가장 잘 띄는 곳에 나이키 전용 공간이 있고, 나이키에서 직접 교육을 받은 직원이 상주하며 나이키 고객에게 집중적인 서비스를 제공한다. 이렇게 유통망 축소 전략을 펼치면서, 동시에 nike.com에서는 이곳에서만 구매할 수 있는 특화 제품을 판매하거나, 여기서만 얻을 수 있는

혜택을 제공하는 등 자체 몰로 고객을 유인하면서 D2C의 기본을 실행해나가고 있다.

| 런 클럽, 트레이닝 클럽 이미지 |

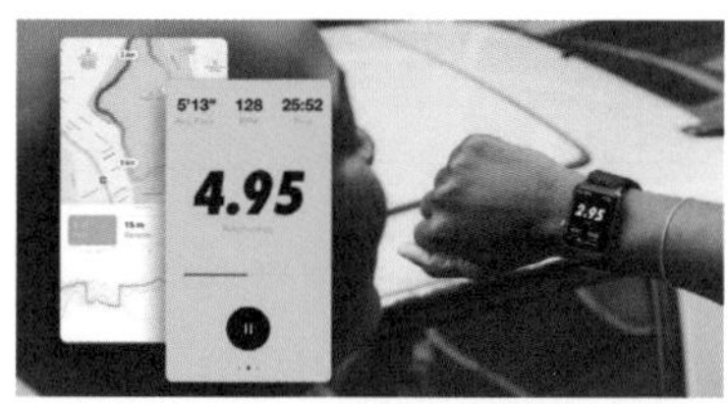

출처: 나이키

나이키는 직접 판매 목적이 아니더라도, 고객의 인게이지먼트(Engagement) 및 충성도(Loyalty)를 강화하고 나아가서는 강력한 팬덤 기반을 형성하기 위한 차별화된 앱 서비스를 운영하고 있다. 런 클럽(Run Club), 트레이닝 클럽(Training Club), 스니커즈(SNKRS) 등이 바로 그것이다. 런 클럽은 조깅을 하는 앱 이용자가 나이키와 함께 뛰는 느낌이 들도록 하는 서비스다. 유저들에게 자신이 뛰는 속도와 거리, 칼로리 소모량 등을 확인시켜주고, 운동 이후에는 그날의 코스를 지도로 보여주며 전체적인 기록을 연속성 있게 관리해준다. 또한 퍼스트 런(First Run) 기능을 사용하면 전문 코치의 오디오 가이드가 실행되어 효과와 재미를 배가시켜준다. 지인들과 기록을 공유하며 응원하고 경쟁할 수 있게 하는 것도 조거(Jogger)들에게 색다른 경험을 제공한다. SNKRS는 스니커즈 운동화 매니아를 위한 커뮤니티 특화 앱이다. 매니아들은 스니커즈 운동화를 단순히 신고 다니기 위해 구매하는 것이 아니라, 그 유니크함(Uniqueness), 한정성, 특별함 등을 소장하기 위해 구매한다. SNKRS에서는 스니커즈 매니아들끼리 정보를 공유하며 스스로 팬덤을 형성하고, 나이키는 한정판 신제품 구매 기회와 다양한 스니커즈에 대한 제작 과정, 에피소드 등을 제공함으로써 팬심을 자극하며 팬덤을 더욱 공고하게 한다. 그리고 나이키 트레이닝 클럽은 유저들이 목표로 정한 운동량을 달성할 수 있도록 지원하는 앱으로, 매일 최적의 개인 맞춤형 운동 가이드를 제공한다. 유저들은 운동 시 트레이너와 운동선수 등 전문가의 도움을 받을 수도 있어 굳이 오프라인 트레이닝이 필요 없다고 느낄 정도로 만족도가 크다.

나이키는 D2C라고 해서 이커머스나 앱 기반 서비스 구축에만 머물지 않고, 오프라인 매장에서도 디지털 기술과 데이터를 활용하여 고객들이 좀 더 나은 편리함과 만족감을 경험할 수 있도록 다양한 서비스를 마련했다. 고객 데이터 분석을 통해 나이키 관련 앱을 가장 많이 사용하는 지역을 선별하였고, 그 지역 고객들이 가장 선호하는 제품도 파악했다. 이를 바탕으로 해당 지역에 '나이키 라이브(Nike Live)' 매장을 론칭하여 가장 인기 있는 제품을 중심으로 매장을 구성해 찾아오는 고객들의 만족도를 높였다. 또한 이곳에서는 비대면 구매라는 온라인 몰의 장점과 운동화를 신어보고 살 수 있는 오프라인 매장의 장점을 모두 살린 '리저브 픽업(Reserve Pick-up)' 서비스를 제공한다. 온라인 몰에서 운동화를 고르다가 몇 개의 운동화가 마음에 들지만, 직접 신어보지 않으면 최종 선택이 쉽지 않을 때가 있다. 이럴 때 리저브 픽업 서비스를 활용한다. 온라인 몰에서 신어보고 싶은 운동화들을 등록하면 직원이 미리 로커에 그 운동화들을 넣어 놓

| 나이키 리저브 픽업 디지털 로커 |

출처: metropolismag.com

는다. 고객은 원하는 시간에 매장에 방문해 미리 스마트폰으로 전송된 바코드로 로커를 열어 제품을 신어보고 마음에 드는 운동화를 바로 가져가면 구매가 완성된다. 만약 사이즈나 착용감 등이 마음에 들지 않으면 그대로 로커 안에 넣어 놓으면 된다. 이처럼 나이키는 자체 플랫폼을 통해 확보한 양질의 고객 데이터를 활용하여 온오프라인의 구분 없는 자연스러운 고객 경험을 창출하고 있다.

이러한 D2C나 디지털 트랜스포메이션 전략의 실행을 위해서는 데이터에 대한 역량 확보가 가장 중요했다. 따라서 나이키는 자체 역량 육성과 더불어 데이터 관련 시장에서의 유력 기업들을 공격적으로 인수하면서 데이터 기업으로서의 본격적인 출발을 알렸다. 우선 2018년 고객 데이터 분석 회사인 조디악(Zodiac) 인수를 통해 데이터 드리븐 마케팅 역량을 확보하였고, 2019년에는 AI 기반 수요예측 전문 분석 회사인 셀렉트(Celect)를 인수하여 수요와 재고 관리 관점의 오퍼레이션 최적화 토대도 갖출 수 있었다. 또한 2020년에는 머신러닝을 기반으로 데이터 수집과 통합을 자동화하는 기술을 보유한 데이터로그(Datalogue)를 인수하면서, 나이키는 데이터와 관련된 모든 업무를 자체적으로 커버할 수 있을 정도의 역량을 갖췄다.

이 같은 나이키의 D2C 전략은 전체 매출 중 자사 디지털 채널에서의 매출 비중을 2010년 15%에서 2021년 38.7%로 급격하게 끌어올렸고, 2025년에는 60%까지 높이겠다는 야심 찬 계획 수립을 가능케 했다.

| 나이키 D2C 매출 비중 추이 |

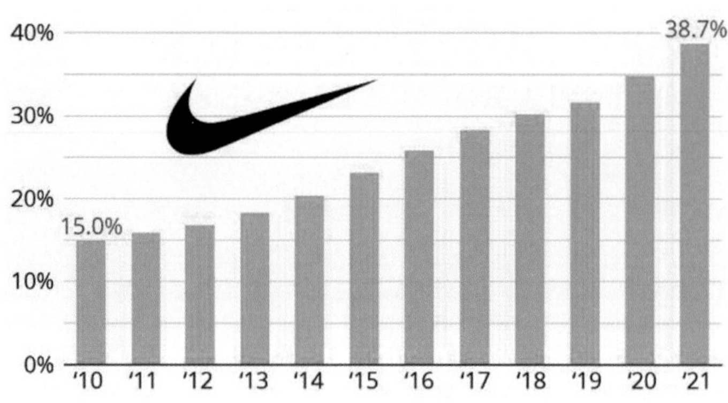

자료: Statista

이와 동시에 매출실적도 2020년 코로나 사태로 일시적 역성장을 겪기는 했으나 전체적으로 다시 큰 폭의 성장세를 보이고 있다. 특히 팬덤의 기반이 되는 나이키 멤버십 가입자가 전 세계 3억 명을 돌파하면서 시장에서는 향후 성장성에도 큰 기대를 모으고 있는 상황이기도 하다.

사실 고객들에게 강력한 브랜드 이미지를 구축하고 있는 나이키와 같은 기업이 아니라면, D2C로의 본격적인 전환은 나이키의 사례에서보다 몇 배는 더 힘들 수는 있다. 나이키의 경우, 유통사에서 물건을 빼면 알아서 자체 몰로 찾아오는 충성 고객이 이미 존재했기에 그러한 과감한 결정이 가능했을 수 있다는 것이다. 그렇더라도 디지털 대전환의 시대에 D2C는 포기할 수 없는 전략이다. 유통 체계의 혁신 등 기존의 방식을 바꾸어나가는 것과 동시에 고객이 가질 수 있는 가치, 고객이 긍정적으로 반응할 수 있는 경험의 관점에서 고민해야 한다. 즉 디지털 기술과 데이터를 고객 경험을 개선하기 위해 어떻게 활용해야 할지 방향을 정하고, 그로 인해 향상된 경험을 누린 고객들이 스스로 자사 브랜드를 찾는 팬덤을 형성하며, 이것이 다시 고객 데이터를 풍부하게 함으로써 고객 경험의 추가 개선 기회를 확보하는 선순환 구조를 만드는 것이 핵심이라고 할 수 있다.

[유통] 본업 경쟁력인 오프라인을 활용한 디지털 혁신 모델러, 월마트(Walmart)

2017년 12월, 더그 맥밀런(Doug McMillon) 월마트 CEO는 "우리는 고객의 니즈에 따라 성장 전략을 바꿔야 한다. 온라인 쇼핑을 원하는 고객들에 맞춰 사명을 바꾸게 되어 기쁘다"라며, 사명을 '월마트 스토어(Walmart Store)'에서 '점포(Store)'를 뺀 '월마트'로 변경했다. 오프라인 중심의 대형 유통 몰 이미지를 벗어나 산업의 대세로 떠오르는 온라인 커머스에 본격적으로 진출하겠다는 의지의 표명이었다. 이후 월마트는 디지털 트랜스포메이션에 성공하며 심화하는 경쟁 상황, 그리고 천재지변과 같은 코로나 팬데믹을 거치면서도 지속해서 성장 가도를 달리고 있다.

유통 분야에서도 아마존을 다시 이야기하지 않을 수 없다. 아마존과 같은 온라인 커머스 빅테크 기업들이 시공간의 제약을 받지 않는 쇼핑 경험을 제공하기 시작하면서 2000년대 이후 B2C 유통 업계에는 그야말로 지각 변동이 일어났다. 아마존이 진출한 시장에서는 기존 플레이어들이 모두 경쟁에 패하면서 초토화된다는 '아마존드(Amazoned)'라는 신조어가 생길 정도의 역대급 파급력을 가져왔다. 실제 메이시스(Macys) 백화점, 시어스(Sears Roebuck & Co.) 백화점, JC페니(J.C. Penney), K마트, 토이저러스(Toysrus) 등 미국을 대표하는 수많은 오프라인 유통 기업이 파산하거나 주요 매장을 폐점하면서 몰락의 위기에 처했고, 사람들은 월마트 역시 '아마존드'로 인해 쓰러질 수밖에 없을 것이라고 잠재적으로 인식하게 되었다. 이를 증명하기라도 하듯, 2016년 월마트의 매출액은 1980년 이후 처음으로 역성장하면서 창사 이래 최대의 위기를 맞는다.

| 2016년까지의 월마트 매출 추이 |

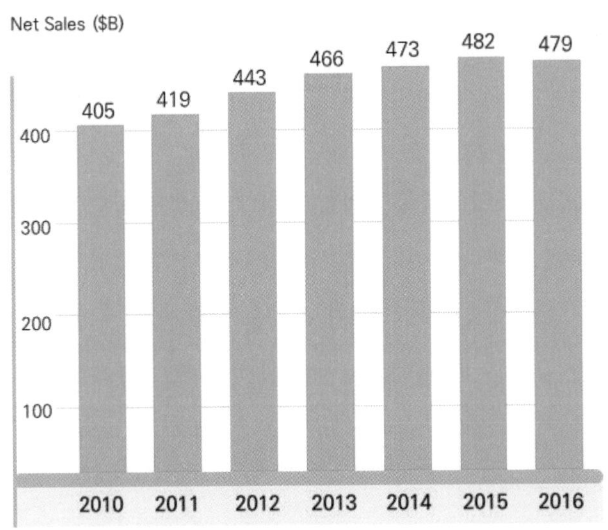

자료: Statista

그러나 월마트는 이 절체절명의 위기를 디지털 트랜스포메이션을 통해 극복해나갔다. 월마트의 디지털 트랜스포메이션 전략의 핵심은 고객의 니즈를 정확히 꿰뚫고, 전국에 촘촘히 깔린 대형 매장이라는 기존 오프라인 핵심 역량에 디지털 부스터를 장착해 보다 나은 고객 경험을 제공하는 것이었다.

먼저 월마트는 시장에 존재감을 드러내고 있던 온라인 커머스 플랫폼 기업들의 인수를 통해 디지털 판매 채널을 다각화하면서 미흡했던 온라인 커머스 운영 노하우를 쌓아나갔다. 2016년 당시 급부상하던 제트닷컴(Jet.com)을 33억 달러에 인수한 것을 시작으로, 2018년 인도의 아마존이라 불리던 플립카트(Flipkart)에 160억 달러라는 엄청난 금액의 지분을 투자하며 최대주주가 되기도 한다. 여기서 확보한 온라인 커머스 역량을 활용하여 월마트는 기존에 운영하고 있던 자체 디지털 채널인 월마트닷컴(Walmart.com)도 앱과 웹을 막론하고 고객 중심으로 전면 개편하면서 경쟁력을 고도화했다. 이후 월마트의 디지털 트랜스포메이션의 실행 강도가 심화되면서, 월마트닷컴과의 브랜드 포지션 중복이 있었던 제트닷컴은 2020년 월마트닷컴으로 통합되었다. 월마트는 제트닷컴을 통해 디지털 네이티브 커머스 스타트업 특유의 사업방식과 문화를 흡수할 수 있었고, 특히 옴니채널 전략을 강화할 수 있는 강력한 디지털 기반을 마련할 수 있었다고 평가하고 있다.

온라인 커머스 플랫폼 운영 역량을 끌어올리는 과정에서 월마트는 본격적으로 디지털 기반의 강력한 옴니채널 구현에 집중하기 시작했다. 우선 방대한 고객 데이터 분석을 통해 미국의 약 90%의 사람들이 월마트 매장에서 10마일(16km) 거리 내에, 약 70%는 5마일 내에 살고 있다는 점을 파악했고, 또 많은 사람이 온라인 구매를 선호하더라도, 특히 식재료와 관련해서는 여전히 눈으로 보고 사길 원한다는 인사이트를 얻었다. 월마트는 이를 옴니채널 전략의 핵심으로 활용했다. 온라인에서 식재료를 주문하고 가까운 점포를 원하는 시간에 방문하여 차를 세우면, 직원이 주문한 식재료를 차량에 직접 가져다주는 '클릭 & 콜렉트(Click & Collect)' 판매 전략을 전면으로 내세웠고, 고객들은 이런 월마트의 새로운 편의 서비스에 열광했다. 이 판매 방식은 식재료 외 다른 제품군에도 적용되며 서비스의 범위가 크게 확대되고 있으며, 디지털 플레이어의 최강자 아마존*의 공세에 맞서기 위한 주력 무기로 활용되고 있다. 이에 더해, 월마트는 수많은 가정 인근에 자리 잡은 오프라인 매장을 물류센터화하면 배송 시간에 대한 경쟁력을 확보할 수 있다고 판단했다. 이러한 전략적 판단을 통해 온라인 주문에 대한 당일 배송 또는 2시간 배송 서비스를 제공하기 시작했고, 이는 고객들의 니즈를 충족시키며 큰 반응을 이끌어냈다.

| 월마트 Click & Collect |

출처: 월마트

* 아마존도 최근에는 아마존 고(Amazon Go), 아마존 프레쉬(Amazon Fresh), 아마존 스타일(Amazon Style, 예정) 등 옴니채널 고객 경험을 강화하기 위해 오프라인을 활용하기도 한다.

| 월마트 Endless Aisle |

출처: nunoboggiss.com

성공적인 옴니채널 전략의 완성을 위해서는 오프라인 매장 자체의 혁신도 반드시 수반되어야 했다. 클릭 & 콜렉트 서비스를 이용하는 고객들의 편의 경험을 극대화하기 위해 일반 주차장과는 별도의 픽업 스테이션을 마련한 것은 물론이고, 매장 내에서도 고객 중심의 디지털 기술을 공격적으로 적용하기 시작했다. 월마트는 개별 매장의 규모가 엄청나기 때문에 고객들은 필요할 때 즉시 직원의 도움을 받기 어려웠다. 이를 해결하기 위해 월마트는 고객이 매장 내 어디서든 앱으로 도움을 요청하면 직원이 즉시 위치를 파악하여 찾아올 수 있도록 했다. 또한 매장은 공간의 제약이 있을 수밖에 없기에, 부피가 크거나 종류가 너무 다양한 상품들은 최소한으로 매대에 진열해놓고, 눈에 보이지 않는 상품들에 대해서는 고객에게 최적화된 동선에 배치된 인터랙티브 키오스크를 통해 구매할 수 있게 하는 '엔드리스 아일(Endless Aisle)' 서비스를 제공하고 있다. 이러한 고객 경험 중심의 매장 혁신을 위해 월마트는 약 11억 달러의 예산을 책정해놓고 매년 약 500개의 매장을 디지털로 탈바꿈시키고 있다.

이 외에도 월마트는 아예 새로운 비즈니스 모델을 만들어 사업 영역을 확대하고 있기도 하다. 월마트는 기존 약국 서비스에서 한발 더 나아가, 엑스레이 검사, 치과 치료, 정신과 상담 등 헬스케어 서비스인 월마트 헬스(Walmart Health)를 확대하고 있다. 고객의 헬스케어 데이터는 미래에 굉장히 중요한 자원으로 활용할 수 있기 때문에 월마트는 이러한 새로운 비즈니스로 영역을 넓히고 있는 것이다. 또한 월마트 내 은행 지점을 놓고 금융 서비스를 하는 것에 그치지 않고 2020년 월마트 인슈어런스(Walmart Insurance)를 창립했다. 2021년에는 글로벌 투자은행 골드만삭스 임원 2명을 영입했다. 이들을 중심으로 2022년 1월 'Hazel'이라는 핀테크(Fin-Tech) 스타트업을 만들면서 '네오뱅크'로 알려진 모바일 뱅킹 기업 '원 파이낸스(One Finance)'와 또 다른 핀테크 기업인 '이븐(Even Responsible Finance)'을 인수했다. 금융 시장 전문가들은 월마트가 조만간 종합 금융 서비스를 제공하는 핀테크에 본격적으로 진출할 것으로 예상하고 있다.

월마트의 이러한 모든 시도는 바로 성장 모멘텀을 만들어냈고, 2017년 이후 매출은 다시 지속적인 성장을 하고 있다.

| 월마트 매출 추이 |

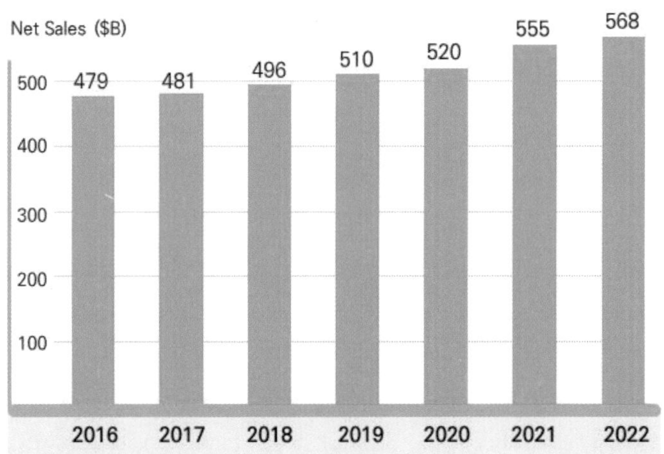

자료: Statista

월마트의 디지털 전환 성공은 결국 고객 데이터의 활용으로 촉발되었다고 볼 수 있다. 새로운 고객 비즈니스 확대는 다시 추가적인 고객 데이터 확보의 수단이 되어 선순환 구조를 가질 수 있다는 것을 월마트는 몸소 보여줬다. 데이터, 디지털, 온라인 등 신기술을 통해 오프라인 판매라는 본업의 본질을 오히려 강화해나가는 월마트의 디지털 트랜스포메이션 전략은 다른 오프라인 리테일러뿐만 아니라, 전통적 비즈니스를 하는 모든 기업이 반드시 참고할 필요가 있어 보인다.

[금융] 금융 디지털 트랜스포메이션의 글로벌 아이콘, DBS

지난 1990년대 중반 마이크로소프트 CEO 빌 게이츠는 "은행 업무는 필요하지만, 은행 자체는 아니다(Banking is necessary, banks are not)"라고 하면서 금융 산업의 격변을 예고했다. 그의 예상대로 2000년대로 들어서면서 금융 산업은 소위 '핀테크(Fin-Tech: Finance와 Technology의 합성어)'라고 불리는 파괴적 금융 혁신 기업들이 등장했고, 이로 인해 비즈니스 지형이 완전히 새롭게 짜여지기 시작했다. 최근에는 보편적으로 활용되는 간편 결제, 간편 송금, 로보어드바이저(Robo-Advisor: 개인의 투자와 자산 포트폴리오의 최적 관리 서비스), P2P 대출(Peer to Peer Finance: 대출자와 투자자를 직접 연결하는 금융 플랫폼 서비스) 등의 서비스가 당시의 고객들에게는 거부할 수 없는 편의성을 제공하며, 혜성같이 등장한 핀테크 기업들이 시장을 빠르게 잠식했다. 빌 게이츠의 메시지에 어마어마한 인사이트가 담겨 있었음이 곧바로 증명된 셈이다.

은행, 보험, 카드 등 금융업계는 '돈'이라는 세상에서 가장 민감한 재화를 다루는 업무를 수행하기에 다른 산업과는 달리 일하는 방식을 비롯해 모든 측면에서 상대적으로 보수적일 수밖에 없었다. 하지만, 파괴적 금융 혁신 기업의 등장은 전통적인 방식을 고수하던 금융업계에 파장을 일으키기에 충분했고, 기존 기업들은 그야말로 생존의 갈림길에 서 있었다. 이들은 암울한 상황을 타개하기 위한 전략으로 고객 중심의 디지털 전환이라는 카드를 빼 들었다. 디지털 전환의 과정에서 핀테크 기업들과 격전을 벌이고 있긴 하지만, 다행히도 많은 전통 금융 기업은 빠르게 디지털 경쟁력을 확보했기에 여전히 시장 영향력을 잃지 않고 있다.

일반적으로는 잘 알려져 있지 않지만, 글로벌 은행 중 디지털 트랜스포메이션 관점에서 항상 모범으로 꼽히는 기업이 있다. 바로 싱가포르 정부가 투자하여 설립한 국책은행인 싱가포르개발은행 'DBS(The Development Bank of Singapore)'다. DBS는 1968년 싱가포르에서 설립된 이후 인도나 인도네시아, 홍콩과 같은 해외로도 사업을 확장하며 싱가포르 최대 은행이자 아시아에서도 손꼽히는 금융 기업으로 빠르게 성장했다. 사실 DBS 설립 초기의 급성장 배경에는 국책은행으로서 내로라하는 인재가 모이고 정통 금융 전문가들이 포진하여 본업의 경쟁력을 키운 것도 있겠지만, 당시 싱가포르 경제가 눈부시게 성장한 것도 DBS의 덩치를 키우는 데에 큰 동력이 되었다.

2000년대 후반에 들어서 DBS는 그동안 겪어보지 못했던 두 가지 위기와 마주한다. 첫 번째는 2007년 말 이후의 글로벌 금융위기였고, 두 번째는 중국의 빅테크 기업들의 핀테크를 통한 금융 시장 진출이었다. 금융위기 상황에서는 DBS 역시 대규모 구조조정을 피할 수 없었다. 뼈를 깎는 고통으로 수많은 직원을 내보내는 등 조직을 슬림화하며 재기를 노렸다. 이러한 상황에 또 다른 암울한 외부 환경의 변화가 찾아왔다. 알리바바, 텐센트와 같이 핀테크로 무장한 채 시장을 파괴하는 중국 IT공룡들이 등장한 것이다. 이것은 DBS의 운명을 좌우할 만큼 크나큰 위기였다. DBS는 핀테크 금융 기업의 등장과 시장 장악력을 보며 앞으로 다시 성장을 노리는 데 있어 전통적인 방법은 더 이상 통하지 않는다는 사실을 절실히 깨닫게 된다. 이제 DBS도 그들과 강하게 맞서기 위해 디지털을 장착한 새로운 모습으로의 탈바꿈을 시도한다. 2009년 DBS의 새로운 CEO로 취임한 피유시 굽타(Piyush Gupta)는 "우리는 이제 은행보다는 테크 기업처럼 행동한다(We act less like a bank and more like a tech company)"라고 천명하면서 DBS의 디지털 전환의 성공 스토리를 써 내려가기 시작했다.

| DBS의 디지털을 강조한 별칭과 피유시 굽타(Piyush Gupta) |

출처: DBS

그는 글로벌 시장의 빅테크 기업들을 지속적으로 벤치마킹했고, '만약 아마존의 제프라면 무엇을 했을까?(What would Jeff do?)'라는 스스로에게 던지는 질문을 통해 혁신 전략을 수립하고 실행했다. 맥킨지는 이 전략을 3가지로 요약하고 있다.

1) 기업의 핵심까지 디지털화하는 것:
Digitizing to the core

2) 조직 전체가 고객 여정 관점에서 생각하게 하는 것:
Pushing customer-journey thinking throughout the organization

3) 스타트업 문화로 변화시키는 것:
Changing the culture of the company to start-up

DBS는 이를 실현하기 위해 기본적으로 조직 전체에 클라우드, 빅데이터 등의 기술적 기반을 공고히 했다. 동시에 교육 프로그램을 통해 내부 구성원의 디지털 역량을 육성하는 것은 너무나 당연했고, 디지털에 기반한 가치 창출을 목표로 새로운 조직을 신설하여 전폭적으로 지원했다. 우선 CEO가 직접 챙기는 '고객 경험 협의회(Customer Experience Council)'를 신설하고 고객과 직간접적으로 관련된 모든 조직이 참여하도록 했다. 이는 DBS가 모든 것을 고객 중심으로 사고

하는 역량을 기를 수 있게 했다. 즉 임직원들은 고객들이 어떤 상품과 서비스를 어떤 방식으로 소비하는지, 해당 상품과 서비스를 이용하는 패턴은 어떤지, 그 안에서 어떠한 긍부정 경험을 하는지에 대해 비로소 이해할 수 있게 된 것이다.

또 회사의 모든 것은 결국 디지털과의 결합을 통해 비즈니스 가치가 창출된다는 생각으로 '최고 혁신 리더(Chief Innovation Officer)' 조직을 새로 만들어, 회사의 전략과 조직, 일하는 방식 등을 디지털 기술과 융합하는 일을 전담시켰다. 대표적인 사례로 정기적으로 개최하는 해커톤(Hackathon: 정해진 목적에 맞게 팀을 이뤄 일정 기간 내 프로토타입을 완성하는 일종의 경연대회)이 있다. 외부 스타트업과도 협력하여 과업을 수행하는 이 이벤트를 통해 내부 직원들은 실제 스타트업처럼 일하는 경험을 직접적으로 쌓으며, 본인들의 역량을 한 단계 올릴 수 있었다. 또한 여기에서 나온 수많은 디지털 기반 비즈니스 아이디어는 DBS의 새로운 디지털 서비스의 토대가 되기도 했다.

| 디지뱅크와 페이라 |

출처: DBS

새로운 디지털 서비스로는 '디지뱅크(Digibank)'를 첫째로 꼽을 수 있다. 일반 고객들을 대상으로 하는 모바일 뱅킹 서비스인 디지뱅크는 은행 이외의 업무, 즉 보험이나 증권과 같은 업무 처리뿐만 아니라, 온라인 쇼핑몰과도 연결하여 편의

성을 극대화했다는 평가를 받았다. 디지뱅크의 성공적 안착으로, 이와 연계한 디지털 고객 경험을 극대화하기 위해 다양한 서비스를 시리즈로 출시했다. 간편 결제 서비스인 '페이라(PayLah!)', 통신 및 전기료 등의 지불과 온라인 쇼핑 연계가 가능한 모바일 지갑인 '이-월렛(E-Wallet)', 인공지능 기반 자산 관리 서비스인 '아이웰스(iWealth)', 음성과 텍스트를 통해 자동 송금 서비스를 제공하는 '가상비서(Virtual Assistant)' 등이 그것이다.

| DBS가 받은 유로머니의 최고 디지털 은행 배지 |

출처: DBS

DBS는 최근에도 신기술 기반 서비스 확대에 매우 적극적으로 나서고 있다. 지난 2020년 말 세계에서 은행권 최초로 가상화폐 거래소를 열었고, 2022년에는 가상의 세상인 메타버스 공간에서도 금융 서비스를 제공하겠다는 계획을 밝혔다. '고객이 있는 디지털 공간에는 DBS가 함께 있다'라는 의미 있는 움직임이라 할 수 있다. 이러한 혁신을 통해 DBS는 '하버드 비즈니스 리뷰(Harvard Business Review)'에서 최근 10년 내 디지털 혁신에 가장 성공한 20개 기업 중 하나로, 경제 전문지 '유로머니(Euromoney)'에서는 세계 최고의 디지털 은행으로 각각 선정되는 등 디지털 금융 영역에서 글로벌을 선도하는 기업으로 도약했다.

과거 싱가포르의 한 택시기사가 "DBS는 Damn, Bloody, Slow에서 따온 말(전 DBS의 CDO였던 폴 코반(Paul Cobban)이 DBS 홈페이지에서 과거를 회상하며 한 말)"이라며 DBS의 전통 은행 업무의 느려터짐을 토로하던 때와 비교하면 괄목할 만한 디지털 혁신 성장이 아닐 수 없다. DBS 사례는 비단 금융업계뿐만이 아니라, 디지털 전환을 앞둔 모든 기업에 참고할 만한 모델이라고 생각된다.

나이키와 월마트, 그리고 DBS의 성공적인 디지털 트랜스포메이션을 통한 경쟁력 강화의 바탕에는 2가지 절대적인 공통점이 있다. 바로 '고객 중심의 사고를 통한 디지털 기반 고객 경험의 강화'와 '고객 이해를 위한 고객 데이터 활용 극대화'가 바로 그것이다.

이는 디지털 트랜스포메이션을 단순히 기존 업무에 디지털 기술을 접목하는 것으로 보지 않고, 고객들의 새로운 니즈와 생활 패턴, 페인 포인트 등을 데이터로 파악하고, 이에 대응하기 위한 새로운 고객 경험을 설계하여 디지털 기술을 통해 고객에게 제공했다는 말이 된다.

그렇다면 우리는 어떻게 이러한 사례를 만들어나가며 디지털 전환에 성공할 수 있을까? 고객 데이터와 이를 활용하기 위한 디지털 기술, 데이터와 디지털 기술을 비즈니스에 적용하는 방법, 그리고 데이터와 기술 그 자체가 아닌 디지털 전환에 있어 반드시 필요한 비즈니스와 거버넌스 관점의 수행 방법 등을 구체적으로 알아보며, 그 해답의 실마리를 찾아보도록 하자.

'고객 데이터', 디지털 시대 기업 생존의 열쇠

고객 데이터란 무엇인가? 정의를 내려보자

기업들이 고객과 고객 경험을 이해하고 관련된 업무를 수행할 때 고객 데이터 활용을 빼놓고 생각할 수는 없다. 아주 오랫동안 기업들은 고객들을 대상으로 설문조사(Survey)를 통해 정량 데이터를, 인터뷰나 FGI(Focused Group Interview) 등을 통해 정성적 데이터를 수집해 왔다. 이러한 고객 데이터를 활용하여 기업들은 자사 브랜드와 제품, 서비스에 대해 고객이 갖는 마음을 읽으려 노력하고 있다. 또한 비즈니스가 IT 시스템의 지원을 받기 시작하면서부터는 CRM(Customer

Relationship Management)을 중심으로 고객에 대한 인구통계 데이터(Demographic Data: 이름, 주소, 연락처, 연령, 소득수준 등), 제품 및 서비스에 대한 거래 정보, 고객 상담을 통한 VoC(Voice of Customer) 데이터(CRM과 별도 시스템일 수 있으나) 등을 체계적으로 관리하며 대고객 업무의 효율성과 생산성을 크게 높일 수 있었다. 여기서 끝이 아니다. 2010년 즈음부터 한창 유행했던 불특정 고객들의 온라인 VoC인 소셜 데이터(Social-Data 또는 Online-Buzz)는 고객 트렌드를 더욱 잘 파악할 수 있게 했고, 최근에는 고객들이 온라인상에서 흔적으로 남기는 행동 데이터(방문 횟수, 페이지 뷰, 클릭 등)를 활용해 고객들의 경험 여정을 보다 깊이 있게 이해할 수 있게 되었다.

이처럼 세상에는 매우 다양한 고객 데이터가 존재하고, 시장에서는 카테고리로 그 유형을 구분하고 있다. 기존에는 고객 데이터를 1st party, 2nd party, 그리고 3rd party 등 3개로 구분했던 것을 최근에는 0(Zero) party 데이터를 추가해 총 4가지 카테고리로 확장해서 구분하고 있다.

1st party 데이터는 기업이 직접 수집하는 식별된 고객의 데이터로, 개인정보, 구매이력 등을 포함한다. 2nd party 데이터는 파트너사 보유한 1st party 데이터로 파트너사가 고객 동의를 얻고 자사에 공유한 데이터다. 그리고 3rd party 데이터는 식별되지 않은 불특정 다수가 방문한 웹이나 앱, 구매한 물건의 카테고리 등에 대한 데이터다. 보통 이를 제공하는 데이터 애그리게이터(Data Aggregator)로부터 구매를 기반으로 수집한다. 0(Zero) party 데이터는 2018년 포레스터

리서치(Forrester Research)에 의해 처음 정의된 것으로, 식별된 고객이 맞춤형 혜택을 받기 위해 의도적이고 자발적으로 기업과 공유한 데이터를 말한다. 설문이나 만족도 조사 데이터, 회원 가입 시 선호도 설정 데이터 등이 여기에 포함된다.

| 고객 데이터의 유형 구분 |

구분	개 요	데이터 제공 주체	공유 가능 여부	정확도/신뢰도
Zero Party	• 고객 본인이 받고자 하는 혜택을 고려하여 자발적으로 기업에 제공한 정보 (설문조사, 만족도/퀴즈 응답, 맞춤/선호도 설정 등)	• 고객	• 불가	☺☺
1st Party	• 기업이 고객과의 거래, 계약 등을 통해 직접 수집한 정보로 주로 CRM을 활용 (이메일/전화번호/주소, 구매 내역, 자사 앱/웹 활동 등)	• 고객	• 불가	☺
2nd Party	• 다른 기업과의 제휴를 통해 공유, 구매하는 식별 고객 정보 (타사의 1st Party 데이터)	• 파트너사	• 신뢰할 수 있는 파트너와 공유	☺
3rd Party	• 수집한 데이터를 가공하여 판매하는 기업으로부터 구매한 비식별 고객 정보 (방문 앱/웹, 소득/연령 구간, 제품 선호도 등)	• 제 3자	• 불특정 다수 기업과 공유	☺

※ 향후 3rd party 쿠키(웹 추적 정보)에 대한 사용 제한이 확실시 되고 있어 3rd party 데이터의 활용성은 급격히 줄어들 것으로 예상

고객 데이터는 어떻게 관리하고 있나?

그렇다면 이렇게 잘 구분되어 있는 고객 데이터를 기업들은 어떻게 관리하고 있을까? 고객 데이터를 IT 시스템 관점으로만 본다면, CRM과 DMP(Data Management Platform)를 대표적으로 떠올릴 수 있을 것이다. CRM은 고객 데이터를 통해 고객과의 관계를 관리하는 개념의 시스템이다. 주로 1st party 데이터(이 중에서도 주로 Demo 정보와 거래, 계약 데이터 중심)를 기반으로 식별된 타깃 고객군을 설정하고, 이메일이나 문자메시지(SMS: Short Message Service, LMS: Long Message Service), SNS 메신저 등을 통해 수행되는 마케팅 활동을 지원한다. 이에 비해 DMP는 주로 3rd party 데이터를 가지고 누구인지는 식별되지 않은 타깃 고객군을 설정하며, DSP(Demand Side Platform)와 같은 '애드테크(Ad-Tech: Advertising Technology의 합성어)' 연계를 통해 외부 디지털 채널에의 광고를 지원한다.

고객 데이터를 잘 활용해보고자 하는 기업들은 이와 같은 정보만으로는 무언가 부족함을 느낄 수도 있을 것이다. 앞서 강조했듯이 최근 많은 기업이 자체 디지털 채널을 확대·강화하고 있는데, 폭발적으로 증가하는 디지털 고객 데이터의 관리와 활용에 대한 명확한 내용이 빠져 있기 때문이다. 물론 GA(Google Analytics), AA(Adobe Analytics), Amplitude 등 웹이나 앱에서의 고객 행동 데이터를 분석할 수 있는 솔루션은 매우 다양하다. 다만, 이 솔루션들은 사이트에 유입된 고객의 행동을 요약하여 인사이트를 도출해내는 데 특화되어 있는 반면, 데이터 그 자체를 기존 시스템의 데이터와 통합적으로 분석할 수 있게 하는 데는 크게 역할을 하지 못한다. 가장 흔히 쓰이는 GA로 보면, 방문자들이 전체적으로 어디서 들어왔는지, 얼마나 많은 페이지를 보는지, 페이지별로 얼마나 머무는지, 어디서 얼마나 이탈하는지 등의 통계치를 리포트로 구현해주는 등의 목적으로 주로 활용된다.

해당 데이터를 목적에 맞게 분석하고 비즈니스에 활용하기 위해서는 원천 데이터(Raw Data)를 어딘가에 적재해야 한다. 그래서 기업들은 웹이나 앱 시스템 영역에 데이터 저장소를 두고 일부 분석을 시도하는 경우가 있다. 그런데 각각의 개별적인 웹이나 앱에서의 한정된 고객 데이터로는 GA가 커버하는 영역 외에는 그다지 할 수 있는 것이 많지 않다. 조금 더 발전된 경우로 전사 관점에서 데이터를 한 통에 적재하여 관리하는 데이터 웨어하우스(Data Warehouse)나 데이터 레이크(Data Lake)로 디지털 행동 데이터를 연계해 좀 더 확장된 데이터 분석을 하기도 한다. 그렇게 하더라도 모아둔 데이터를 가지고 고객 개인별로 통합된 뷰(View)를 갖지는 못하고, 비즈니스 영역에 어떻게 활용해야 할지 몰라 혼란에 빠지기 십상이며, 이러한 것들의 일부만을 해결하기 위한 국소적 프로젝트를 만들어 또다시 추가적인 비용만 발생시키는 경우도 허다하다.

기존 고객 데이터 관리와 활용의 한계를 극복한 'CDP'의 탄생

그렇다면 디지털 채널에서 수집된 고객 데이터는 어떻게 다뤄야 할까? 사실 고객 데이터의 관리와 활용을 고민하는 많은 CMO(Chief Marketing Officer)나 CDO(Chief Data or Digital Officer), 또는 CIO(Chief Information Officer)를 만나보면, 그들의 질문은 단순하지 않다. '디지털 채널에서의 고객 데이터를 기존에 가지고 있는 데이터와 통합된 관점에서 관리할 수 있는가?, 초개인화된 고객 커뮤니케이션을 할 수 있는 기반을 갖출 수 있는가?' 하는 것이 그들의 가장 핵심적인 고민 사항이다. 이 말은 개별 고객 자체와 고객의 경험 여정을 좀 더 심도 있게 이해하고 싶다는 이야기와 같다. 스킨로션 등 화장품을 생산해 판매하는 기업 A사의 예를 들어 보자. 기존에는 데이터를 통해 고객을 이해하던 범위가 '영등포구 여의도동 XX아파트에 거주하는 홍길동 님이 1년 전에 자사 스킨로션을 마포에 있는 매장에서 구매했다' 정도였다면, 이제는 그러한 정보들과 함께 '홍길동 님이 2주 전부터 자사 온라인 몰에 다섯 번 접속해서 스킨로션을 포함한 여러 화장품을 총 45분 동안 둘러보았고, Q & A로 남성용 피부 보정 커버쿠션의 성분과 가격에 대한 질문을 남겼다' 하는 식으로 확대되어야 한다는 것이다.

이러한 시대적 요구사항에 대응하기 위해 탄생한 것이 바로 이 책에서 중점적으로 다루고자 하는 기술적 주제인 CDP(Customer Data Platform)다. CDP는 현재 글로벌 선도기업들이 고객 데이터 통합과 데이터 드리븐 마케팅, 또는 개인화 마케팅을 위해 가장 큰 관심을 갖고 있는 IT 시스템이고, 다음과 같은 3가지 기본 철학을 가지고 있다.

1) **파편적으로 흩어져 있는 여러 고객 데이터**(인구통계 정보, 거래 정보, 상담 정보, 디지털 행동 정보 등)**를 식별된 '개인' 중심으로 통합하여 궁극적으로 고객을 360도로 이해할 수 있는 고객 싱글뷰**(Single Customer View) **체계를 갖추고,**

2) **이를 통해 고객의 경험 여정**(CEJ: Customer Experience Journey)**을 온오프라인 연계 관점에서 보다 심리스**(Seamless: 중간중간 끊어짐 없이 매끄럽게)**하게 파악할 수 있게 하며,**

3) **결과적으로 초개인화**(Hyper Personalization) **마케팅을 가능하게 함으로써 고객 경험 개선과 비즈니스의 성장을 지원하는 기반을 구현한다.**

| CDP 개념도 |

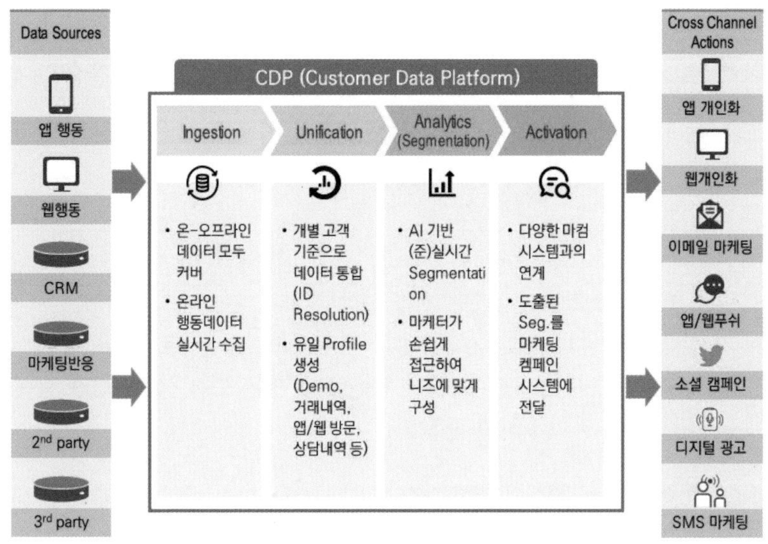

CDP의 기본적인 철학을 이해했다면 'CDP는 구체적으로 무엇인가?', 'CDP는 어떻게 구현하고 어디에 활용할 수 있는가?', 'CDP를 일단 구축하고 나면 모든 것이 해결될 것인가?' 등 CDP에 대한 수많은 질문이 떠오를 것이다. 다음 장부터는 CDP를 좀 더 넓고 깊이 있게 살펴보면서, CDP를 성공적으로 도입하기 위해서는 어떠한 전략적 접근이 필요한지 자세히 알아보기로 하자.

DIGITAL TRANSFORMATION

고객 중심 디지털 전환의 핵심, CDP란 무엇인가?

CDP와 시장 지형의 이해

초개인화(Hyper Personalization)를 향한 첫걸음

CDP를 한마디로 정의하면 '분산되어 있는 고객 데이터를 통합하여 초개인화 마케팅의 기반을 제공하는 플랫폼'이다. 좀 더 감성적으로 접근해본다면 CDP는 초개인화 체계의 심장이라고도 표현할 수 있다. 앞서 잠깐 설명했던 CRM이나 DMP와 비교해보면 CDP의 핵심 개념을 좀 더 명확히 이해할 수 있다.

| CDP와 DMP, CRM 비교 |

	DMP (Data Management Platform)	CRM (Customer Relationship Management)	CDP (Customer Data Platform)
데이터 범위	• 3rd Party 데이터 • 비식별 고객의 집계성 데이터 활용	• 1st Party 데이터 • 식별 고객의 Demo 정보 및 구매/거래 이후의 데이터 활용	• 0, 1st, 2nd, 3rd 모든 고객 데이터 • 식별 고객의 CRM 데이터 및 디지털 행동 데이터, 비식별 고객의 관심사, 성향 등의 데이터 활용
활용범위	• 비식별 고객을 선호도, 관심사 등을 기준으로 세그먼트화 하여 디지털 타겟 광고 송출(DMP) • 실시간성 반영하지 못함	• 식별된 고객의 Demo 정보와 거래 내역, 상담 내역 등을 기반으로 세그먼트화 하여 캠페인을 실행 (이메일, 문자, 카톡 등) • 실시간성 반영하지 못함	• 식별 + 비식별 고객의 정보와, 디지털 채널에서의 행동 정보도 활용하여 초정밀 세그먼테이션 기반 모든 채널 유형에서의 개인화 캠페인을 실행 • 실시간성 반영함
고객경험여정 커버 범위	Aware, Discover	Consider, Purchase	Use, Advocacy

CRM과 DMP는 여전히 많은 기업에서 마케팅의 핵심적인 도구로 활용되고 있다. 그런데 CRM은 비식별 디지털 고객 행동 데이터에 대한 통합이 어렵고, DMP는 비식별 고객 데이터만을 취급하기 때문에 온오프라인을 연계한 초개인화 마케팅으로의 활용에는 제약이 있을 수밖에 없다. 이와 더불어, DMP의 연료라고 할 수 있는 3rd party 쿠키(Cookie: 웹사이트에 접속할 때 만들어지는 임시 파일로, 이용자가 본 내용, ID, IP주소, 상품 구매내역 등의 정보를 담고 있는 파일)에 대해서는 고객의 동의와 무관하게 무차별적으로 수집 및 활용되고 있어 개인정보보호 관점에

서 논란이 지속되어왔다. 2022년 초 프랑스 당국은 구글이 쿠키 사용에 대한 사용자 동의를 구하는 과정에 문제가 있다고 판단, 개인정보보호법(GDPR: General Data Protection Regulation) 위반 명목으로 1억5천만 유로(한화 약 2천억 원)라는 천문학적인 과징금을 부과했을 정도로 세계 각국이 개인정보보호에 민감하게 반응하고 있다. 이에 따라 관련된 주요 기업들은 쿠키에 대한 사용을 제한하는 정책을 펼치고 있다. 애플은 ATT(App Tracking Transparency) 정책을 통해 사용자(고객)가 자신의 정보를 타사 및 데이터 브로커와 공유하는 것을 스스로 결정할 수 있도록 하고 있고, 구글은 2024년부터는 더 이상 3rd party 쿠키에 대한 사용을 하지 못하도록 결정했다.

약 30년간 디지털 광고 산업의 엄청난 성장 원동력으로 작용해오던 쿠키의 시대가 저문다는 것은, 마케팅 관점에서 0 & 1st party 데이터의 중요성이 더욱 부각되고 있다는 것을 의미한다. CDP는 DMP와는 다르게 1st party 데이터, 나아가서는 0 party 데이터를 통합 대상으로 하고 있으며, CRM과는 다르게 식별되지 않은 온라인 행동 데이터도 수집했다가 로그인 등을 통해 고객이 식별되는 순간 해당 고객이 비식별 상태로 남긴 흔적들도 통합할 수 있다. 이를 통해 CDP는 고객과 그 고객의 경험 여정을 훨씬 더 넓고 깊게 이해할 수 있는 기반을 갖출 수 있게 하는 것이다.

급격하게 성장하고 있는 CDP 시장

디지털 전환 시대의 기업 니즈를 100% 만족시킬 수 없는 기존 시스템과 이를 둘러싼 데이터 환경의 변화는 기업들이 CDP에 열광할 수밖에 없는 분위기를 조성했다. 글로벌 시장 조사 기관 가트너(Gartner)는 지난 2016년 기술에 대한 성숙도를 나타내는 하이프 사이클(Hype Cycle)에 CDP를 처음 등장시키며 시장의 큰 관심을 불러일으켰고, 3년 후 2019년에는 CDP를 디지털 마케팅을 위해 주목해야 할 4대 기술 중 하나로 선정했다. 또한 2021년 제시한 디지털 마케팅 하이프 사이클에서는 CDP에 대한 부풀려진 기대치가 정점의 시기를 막 지나면서 기업들이 제대로 된 성공 경험을 갖기 시작하고 있다고 보았다.

| 디지털 마케팅 하이프 사이클과 해석하는 법 |

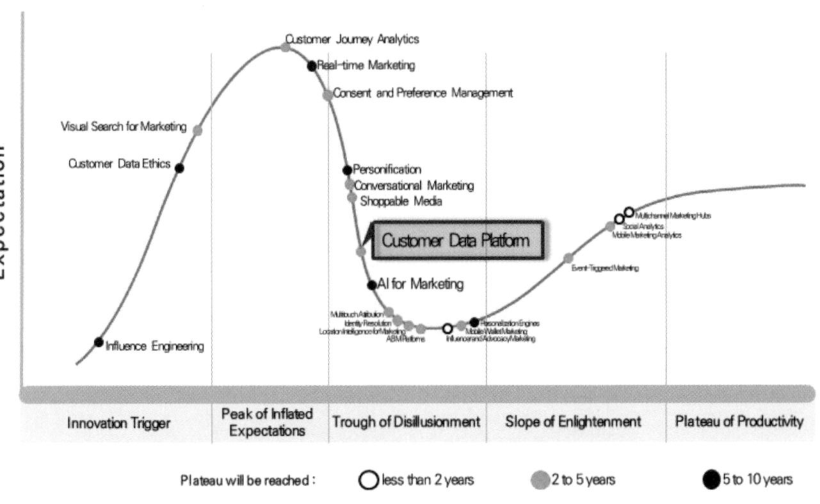

단계 구분	내용
Innovation Trigger (발생단계: 혁신기술 촉발)	상용성은 검증되지 않았으나 잠재력은 매우 큰 혁신적 기술이 촉발되는 시기로 대중의 관심을 받기 시작
Peak of Inflated Expectations (버블단계: 폭등한 기대감의 정점)	선도기업들이 기술 적용을 시도하고, 실패를 더 많이 하지만 일부 성공 사례도 만드는 단계로 대부분의 기업들은 아직 관망
Trough of Disillusionment (환멸단계: 거품의 축소)	수많은 시도가 실패를 거듭하며 거품이 낀 기대감이 줄어드는 단계이나, 이때 성공 경험을 가진 일부 기업들은 투자를 지속
Slope of Enlightenment (계몽단계: 이해의 확산)	기술이 비즈니스에 적용되어 실제 이익을 발생시키는 사례가 구체화되어 기술에 대한 이해가 넓어지는 시기로 보다 많은 기업들이 투자를 확대
Plateau of Productivity (안정단계: 생산성의 안정)	기술이 적용된 비즈니스가 본격적인 성과를 내기 시작하는 단계로 기술이 주류로 자리 잡기 시작하고, 시장에서 성과를 거두기 시작한다

자료: 가트너

시장 규모를 봐도 CDP의 성장세는 눈부시다. 아직 무르익지 않은 비즈니스 영역이라 많은 조사자료는 없지만, 또 다른 시장 조사 기관인 '마켓앤마켓(MarketsandMarkets)'에 따르면 글로벌 CDP 솔루션 시장 규모는 2021년 35억 달러에서 2026년 153억 달러로 연평균 약 35%라는 놀라운 성장률을 기록하며 급팽창할 것으로 보고 있다.

| CDP 솔루션 시장 규모 예측 |

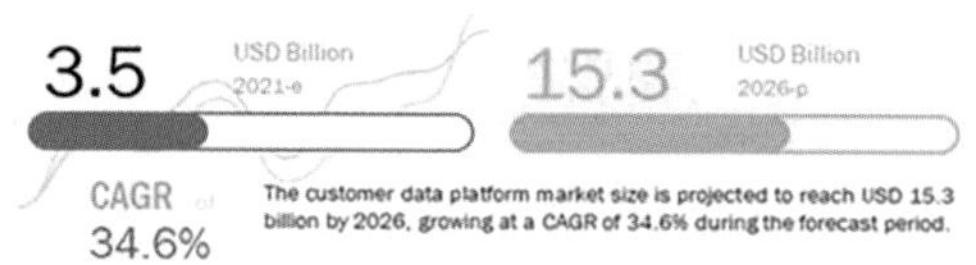

자료: MarketsandMarkets

글로벌 선진 기업들의 CDP 도입 관련 현황을 살펴봐도 CDP 시장이 얼마나 크게 성장하고 있는지 알 수 있다. 2020년 포레스터 리서치는 미국의 4,600여 개 중견-대기업들을 대상으로 CDP 도입과 관련한 설문조사를 실시했다. 조사 대상 기업 중 약 30%의 기업이 이미 CDP를 도입했고, 도입 과정에 있거나 도입 예정인 기업들은 무려 45%에 달하는 것으로 확인되었다. 실제로 자동차 제조판매사인 제너럴 모터스(General Motors), 음료 회사인 코카콜라(Coca Cola), 의류 브랜드인 갭(GAP), 심지어는 프로스포츠 구단인 레알 마드리드(Real Madrid CF) 등 산업을 가리지 않고 고객과의 소통을 중시하는 선진 기업들은 CDP를 매우 공격적으로 도입하고 있다.

| CDP를 도입한 글로벌 기업들 |

산업군	회사명	도입한 CDP
Automotive	General Motors	Twilio segment Treasure Data Tealium Adobe Salesforce 등
	Maruti Suzuki	
F & B	Domino's Pizza	
	AB InBev	
	Coca Cola	
Healthcare	Allergan	
	AstraZeneca	
	Novartis	
Media	Fox News	
Finance	TSB	
	HSBC	
	Visa	
Sports	Real Madrid CF	
	NFL	
Advertisement	Dentsu	
Retail	Levi's	
	GAP	
	New Balance	
Electronics & Others	Canon	
	IBM	
	Fujitsu	

이처럼 미국을 필두로 글로벌 선진 시장에서는 CDP에 대한 기업들의 수요가 폭증하며 하나의 독자적 솔루션 또는 플랫폼 시장의 주체로 떠오르고 있다. 그러나 국내의 경우 기업들의 CDP 도입은 아직은 미미한 수준이다. 국내 시장에 진출해 있는 글로벌 CDP 솔루션 벤더들도 매우 한정적일 뿐만 아니라, 자체 CDP 솔루션을 보유한 국내 로컬 벤더들도 이제 막 하나둘 생겨나고 있는 정도다. 그렇다고 국내 기업들이 CDP에 대해 서로 눈치를 보며 관망하는 초기의 모습은 결코 아니다. 이미 CDP는 글로벌 기업에 있어 없어서는 안 될 고객 데이터 통합-활용 표준으로서 자리 잡고 있기에 국내 기업들도 머지않아 CDP를 대고객 비즈니스의 화두로 삼을 가능성이 매우 크다.

최근 국내 기업들이 고객 데이터나 개인화 마케팅 관련 프로젝트를 검토하는 모습을 보면 좀 더 구체적인 트렌드를 파악할 수 있다. 디지털이나 데이터의 활용을 전사 미션으로 삼는 국내 선도기업들은 CDP를 본격적으로 도입하려 하거나, CDP라는 용어를 쓰지 않더라도 CDP의 핵심 철학이 담긴 전략을 수립하고 시스템을 구축하기 위한 계획을 세우고 있다. 특히 다른 산업들보다 기본적으로 고객 데이터의 질과 양에서 우위를 보이고, 디지털 비대면 경제로의 전환 중심에 서 있는 금융권의 경우 온오프라인 고객 데이터의 통합을 실현할 수 있는 CDP 프로젝트에 매우 적극적이다.

다양한 얼굴을 가진 CDP 솔루션

특정 시장이 성장해나갈 때에는, 필연적으로 관련된 플레이어들 간의 경쟁도 심화되기 마련이다. CDP 시장에도 다양한 유형의 사업자들이 제각기 다른 경쟁력을 확보해 나가며 시장을 선점하기 위해 각축을 벌이고 있다. 다른 IT 시스템 시장과 마찬가지로, CDP 관련 플레이어는 CDP 솔루션 벤더와 CDP 솔루션을 활용해 시스템을 통합 구축하는 SI기업으로 크게 나눌 수 있다. 여기에서는 각각의 특성이 두드러지는 CDP 솔루션 벤더로만 한정해서 시장을 살펴보자. 같은 CDP라고 해도 추구하는 방향과 강조하는 기능 및 활용 커버리지 등이 모두 다르다. 가트너는 CDP를 4가지 유형으로 나누어 설명하는데, 그 내용은 다음과 같다.

| CDP 솔루션의 유형 구분 |

구분		내용
대형 클라우드 벤더	1 마케팅 클라우드 CDP (Marketing cloud CDPs)	• 대형 클라우드 벤더들의 CDP로, 각 벤더 별로 기 확보한 다양한 마케팅 관련 도구들과 연동되어 고객데이터 수집부터 마케팅 실행까지를 모두 지원
CDP Pure Players	2 CDP 엔진 및 툴킷 (CDP engines and toolkits)	• CDP의 핵심 기술을 제공함으로써 IT부서가 다분히 기술 관점으로 접근하여 각 기업들의 구체적인 니즈와 특성에 맞는 맞춤형 CDP로 구현해 내는 것을 지원
	3 마케팅 데이터 통합 CDP (Marketing data-integration CDPs)	• 데이터 운영을 핵심 가치로 하는 CDP로, CDP의 기본 목적인 데이터 통합 기반 Single Customer View 구현에 강점을 갖고 마케팅 캠페인 실행의 기반을 제공
	4 CDP 스마트 허브 (CDP smart hubs)	• 주로 이벤트 데이터와 고객 행동 데이터를 기반으로 실시간성 개인화 마케팅 실행을 지원하며, Plug-and-play라고 표현될 정도로 마케터가 손쉽게 사용 가능

자료: 가트너

기업들이 CDP 도입의 목적이 온오프라인 고객 데이터의 통합과 관리가 중심이라면, 2번 CDP 엔진 및 툴킷이나 3번 마케팅 데이터 통합 CDP 도입 검토가 필요하다. 그렇지 않고 마케터나 비즈니스 현업들이 개인화 마케팅 등 데이터를 비즈니스에 손쉽고 빠르게 연결하는 것이 주목적이라면 1번 마케팅 클라우드 CDP나 CDP 스마트 허브 유형의 CDP를 검토하는 것이 바람직하다.

그런데, 사실 마케팅 관점의 End-to-End 제품 라인업을 갖추고 있는 대형 클라우드 벤더들이 CDP 시장으로 뛰어들며 만들어진 마케팅 클라우드 CDP라는 구분자는 차치하고, 나머지를 이렇게 세부적으로 구분하는 것은 현실적으로 잘 맞지 않을 수도 있다. 최근 CDP 솔루션들은 각기 비어 있다고 생각하는 영역으로 기능을 확장 및 고도화하면서 서로 닮아가는 부분이 많이 있기 때문이다. 고객 데이터 수집과 통합 기능을 중심으로 시작한 CDP 솔루션은 점차 머신러닝 기반 분석과 마케팅 실행 쪽으로, 마케팅 실행 영역과 가까웠던 솔루션은 점차 고객 데이터의 실시간 수집과 통합 방향으로 그 기능의 커버리지를 확대하고 있다. 그래서 업계에서는 CDP의 유형 구분을 그 태생적 특성만을 기준으로, 마케팅 클라우드 CDP와 CDP 그 자체로 탄생한 Pure-Play CDP로 단순화하여 이야기하기도 한다.

마케팅 클라우드 CDP는 우리가 익히 알고 있는 클라우드 벤더라고 보면 된다. 세일스포스(Salesforce), 어도비(Adobe), 오라클(Oracle), 에스에이피(SAP), 마이크로소프트(Microsoft) 등이 모두 CDP를 제공하는 클라우드 벤더들이다. 이와 달리 Pure-Player들은 그 수가 굉장히 많다.

CDP 시장 활성화를 위해 관련 정보를 제공하고 있는 기관인 CDP Institute에 등록된 CDP Pure-Play 벤더 수는 2022년 5월 기준 54개에 달하고 있다. Twilio Segment, Treasure Data, Tealium 등이 시장에서 대표적으로 언급되는 Pure-Play 벤더들이다.

이렇게 다양한 CDP가 각자의 경쟁우위 포인트를 내세우며 글로벌 시장에 존재하고 있다. 그런데 국내 시장은 아직 선택지가 크게 없는 상황에서, CDP를 도입하고자 하는 기업들이 이를 어떻게 도입하고 구현해나가야 할지 고민에 빠질 수밖에 없다. 그 고민을 풀어내기 위해서는 우선 각 기업의 입장에서 어떠한 비즈니스 페인 포인트(Pain Point)를 해결하기 위해 CDP 도입을 검토하고 있는지에 대한 명확한 인식이 바탕이 되어야 한다. 그리고 중장기적으로 CDP를 어떻게 도입하고 활용하겠다는 확고한 전략 방향을 세우는 것도 필수적이다. 또한, 수립한 전략의 강력한 실행을 위해서는 CDP에 대한 비즈니스와 기술적 관점에서의 좀 더 구체적인 이해가 반드시 사전에 수반되어야 한다.

고객 중심 디지털 전환을 위한 CDP 전략

CDP가 제공하는 기술적 핵심 가치

앞서 이야기했듯이 시장에는 CDP를 표방하고 있는 수많은 솔루션과 플랫폼이 존재한다. 이들은 기능도 성능도, 궁극적으로 추구하는 완성품의 형태도 그 수준이 제각각이다. 하지만 CDP로서 가져야 하는 어떠한 키워드들은 공통적으로 담아내고 있다. 그렇다면 CDP가 가져야 하는 키워드란 무엇일까? 그 키워드를 도출해내기 위해 전문 기관이나 기업에서 CDP를 어떻게 정의하고 있는지 살펴볼 필요가 있다.

| CDP 정의와 핵심 키워드 |

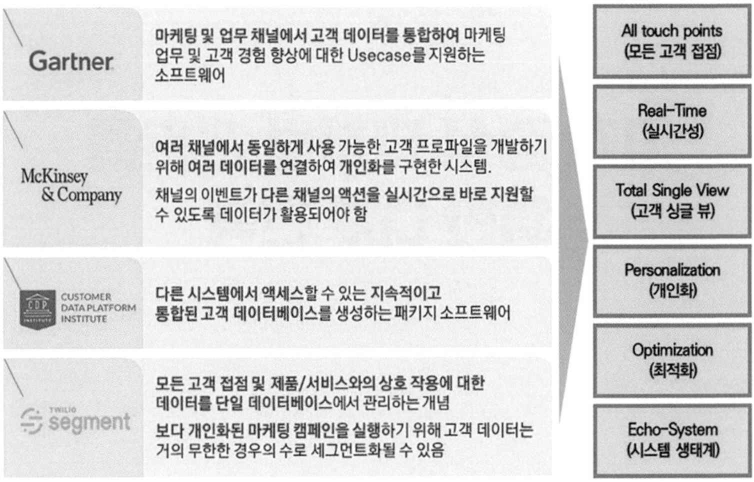

기관	정의
Gartner	마케팅 및 업무 채널에서 고객 데이터를 통합하여 마케팅 업무 및 고객 경험 향상에 대한 Usecase를 지원하는 소프트웨어
McKinsey & Company	여러 채널에서 동일하게 사용 가능한 고객 프로파일을 개발하기 위해 여러 데이터를 연결하여 개인화를 구현한 시스템. 채널의 이벤트가 다른 채널의 액션을 실시간으로 바로 지원할 수 있도록 데이터가 활용되어야 함
CUSTOMER DATA PLATFORM INSTITUTE	다른 시스템에서 액세스할 수 있는 지속적이고 통합된 고객 데이터베이스를 생성하는 패키지 소프트웨어
TWILIO segment	모든 고객 접점 및 제품/서비스와의 상호 작용에 대한 데이터를 단일 데이터베이스에서 관리하는 개념 보다 개인화된 마케팅 캠페인을 실행하기 위해 고객 데이터는 거의 무한한 경우의 수로 세그먼트화될 수 있음

- All touch points (모든 고객 접점)
- Real-Time (실시간성)
- Total Single View (고객 싱글 뷰)
- Personalization (개인화)
- Optimization (최적화)
- Echo-System (시스템 생태계)

자료: 가트너, 맥킨지, CDP Institute, Segment

해당 전문 기관이나 기업들이 정의하는 CDP의 핵심 가치들을 필자의 경험적 측면을 감안하여 해석해보면, 'All Touchpoints(모든 고객 접점: 고객이 브랜드를 만나거나 경험하는 모든 순간)', 'Real-time(실시간)', 'Single Customer View(싱글 고객 뷰: 개별 고객 단위로 데이터를 통합하여 개인의 모든 면을 이해할 수 있는 체계)', 'Personalization(개인화)', 'Optimization(최적화)', 'Echo System(시스템 생태계: 타 시스템 연계)' 등 6대 키워드로 표현할 수 있다.

◆ 1) 가능한 모든 고객의 터치포인트(Touchpoint)에 접근

CDP가 수집하고 활용하는 고객 데이터는 고객이 제품과 서비스를 인지하고 관심을 기울이게 되는 과정, 그리고 구매하여 사용하는 전체 여정의 관점에서 다뤄져야 한다. 고객들은 경험 여정의 전 과정에서 다양한 터치포인트를 통해 기업과 상호작용하게 된다. 터치포인트는 기업이 운영하는 홈페이지, 자사 몰, 특화 서비스 앱, 소셜 미디어 등 온라인 채널뿐만 아니라, 오프라인 매장도 될 수 있다. 더 잘게 나누면 이메일, 문자메시지 등 직접 소통(Direct Communication) 채널도 포함한다. CDP는 이러한 모든 터치포인트에서 생성되는 고객 활동, 예를 들어 고객이 어떤 제품과 서비스를 탐색했는지, 어떠한 문의와 상담을 했는지, 캠페인에 어떤 반응을 보였는지, 어떤 제품과 서비스를 구매했는지 등을 모두 데이터화하여 확보하고, 고객 이해의 기반을 갖춰야 한다는 것이 첫 번째 키워드의 내용이다.

◆ 2) '데이터 수집 - 통합 - 분석 - 마케팅' 연계의 실시간성(Real-Time) 반영

앞서 CDP는 초개인화 마케팅을 가능하게 하며, 이를 통해 고객 경험의 긍정적 혁신을 이끌어 내는 기반이라고 강조했다. 초개인화 마케팅을 '고객이 원하는 것'을, '원하는 시간'에, '원하는 채널'로, '개인 성향에 맞는' 메시지와 오퍼를 제공하는 것이라 정의한다면, '원하는 시간'은 고객이 커뮤니케이션하기에 편한 시간을 의미하기도 하지만, 또 다른 관점으로는 '실시간'을 의미하기도 한다.

고객뿐만 아니라 기업 입장에서도 실시간의 의미는 매우 중요하다. 최근 온라인에서 제품을 구매하는 고객들에게는 참을성이라는 것을 기대할 수 없다. 자신의 니즈에 맞는 제품이 해당 몰에서 곧바로 찾아지지 않으면 즉시 이탈하여 다른 몰에서 다른 제품을 찾아보는 것이 너무나도 당연해졌다. 고객이 원하는 제품을 바로 찾지 못한다는 것은, 기업 입장에서 고객에게 잠재적으로 부정적 경험을 갖게 하는 것을 의미할 뿐만 아니라, 이로 인해 판매 향상의 기회도 놓치게 된다는 것을 의미한다. 따라서 CDP는 고객 데이터의 수집부터 싱글 고객 뷰(Single Customer View) 구현이나 세그멘테이션(Segmentation: 마케팅 목적에 따라 타깃 고객군을 분류하는 작업)에의 반영, 그리고 마케팅 실행 연계까지 실시간성을 반영해야만 하는 것이다.

단, CDP를 구현하려는 기업마다 그 목표 수준이 다르고, 책정된 예산도 다른 상황에서 무조건 완벽한 실시간성을 추구해야 한다는 것은 아니다. 자사 온라인 몰에서 실시간 추천을 수행할 때, 행동 데이터만을 적용하는 것과 행동 데이터와 구매내역, 취향 등을 함께 활용하는 것은 데이터 처리나 세그멘테이션 등의 난이도와 구현 비용의 차이가 엄청나다. 따라서 기업의 CDP 활용의 목표와 세부 마케팅 계획을 기반으로 효과 대비 투자를 고려하여 실시간에 대한 수준을 정의할 필요가 있다.

◆ 3) 완전한 싱글 고객 뷰(Single Customer View)를 통한 고객 360 이해 체계 구현

모든 터치포인트에서 데이터를 수집하더라도 수집하는 주체 시스템이 각기 다르다면 사실 큰 의미가 없다. 많은 기업이 여전히 고객 데이터의 완전한 싱글 뷰를 이루지 못하고 있는데, 이는 대부분 '데이터 사일로(각 조직이나 업무 단위로 데이터 관련 시스템을 구축/운영하면서 각 부서와 시스템에 데이터가 고립되어 통합 관점의 활용을 막고, 조직 간 의사소통 문제가 반복되거나, 심지어 유사 시스템을 중복으로 구축하는 등의 비효율이 발생하는 현상)'의 문제 때문이다. 온라인 채널 운영 부서, 마케팅 부서, 고객 서비스 부서 등이 제각각의 시스템을 운영하면서, 그곳에 축적되는 고객 데이터들도 자연히 분리된 채로 관리되고 있는 것이다. 가령 한 명의 특정 고객이 온라인 몰에 들어와서 어떤 제품을 검색하고 오프라인 매장에서 해당 제품을 구매한 후, 다시 온라인 몰에 들어가 이번에는 다른 제품들도 열심히 찾아본 후 고객센터 메신저를 통해 이에 대한 사용법과 연관 제품 문의를 했다고 해보자. 데이터 사일로 상황에서는 이 고객을 한 명으로 인지하지 못하기 때문에 고객센터 상담원이 해당 고객에게 딱 맞는 서비스나 오퍼를 제공할 수 없는 것이다.

| SCV(Single Customer View) |

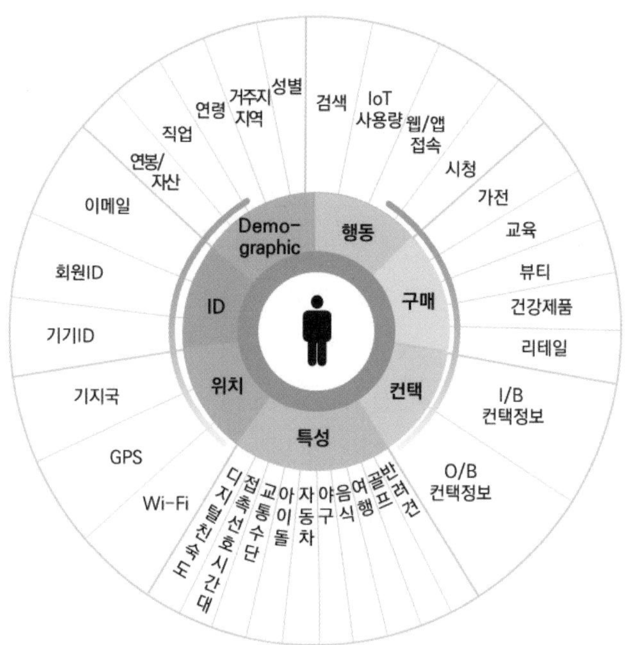

CDP는 각기 분리된 채 운영·관리되고 있는 고객 데이터를 한데 모아 개별 고객을 기준으로 통합하고, 개인별 통합 프로파일을 구성한다. 고객 한 명 한 명에게 하나의 고유한 ID가 부여되고, 그 ID를 기준으로 모든 데이터, 즉 그 고객의 개인정보는 물론, 자사 제품과 서비스를 얼마나 구매했었는지, 상담은 어떤 내용으로 얼마나 했는지, 온라인 몰에 언제 얼마나 방문했는지, 어떤 제품 페이지에 얼마나 들어왔는지, 멤버십 포인트는 얼마나 가지고 있는지 등에 대한

정보가 모두 결합되어 보이게 된다. 이를 '싱글 고객 뷰'라 하고, '싱글 고객 뷰'는 고객과 고객 경험의 심화 이해, 초개인화 마케팅 실행의 토대로 작용하게 된다.

◆ 4) 고객 성향과 맥락에 맞는 초정밀 소통, 초개인화(Hyper Personalization)의 구현

얼마 전 맥킨지가 기업이 고객들에게 개인화된 소통을 시도하는 것에 대해 고객들의 반응을 조사한 적이 있었는데, 그 결과는 무척 놀라웠다. 조사 대상 고객들의 무려 71%가 기업들이 자신에게 개인화된 경험을 제공해주는 것을 기대하고 있다는 것이다. 최근 무차별적이고 자신이 관심도 없는 제품의 마케팅 수신 메시지에 대해 그다지 긍정적이지 않은 사람들이 늘고 있는 상황에 비춰보면 상당히 흥미로운 결과이다. 그 메시지가 내가 정말 원하는 제품을, 원하는 시간에, 원하는 채널로 전달되고 있다면 고객들은 얼마든지 수용, 아니 더 만족할 수 있다는 내용으로 풀이될 수 있다. 개인화가 이제 고객들에게 있어서는 당연한 서비스로 받아들여지고 있고, 이에 맞춰 기업들은 좀 더 고객 개인 단위로, 고객의 상황과 맥락에 맞는, 고객의 잠재된 욕구를 충족시킬 수 있는 '초개인화'를 지향하고 있다.

| 초개인화 마케팅 개념 |

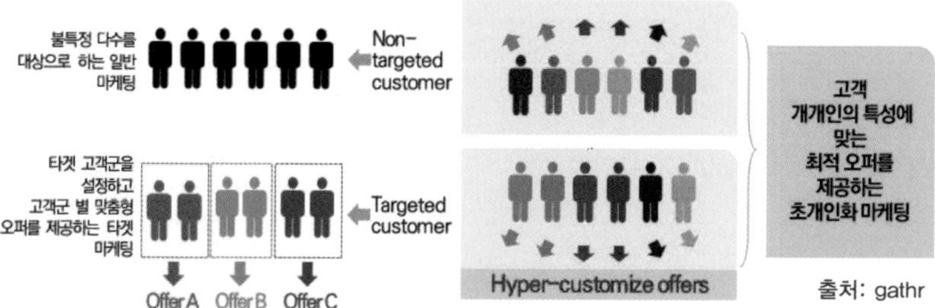

출처: gathr

글로벌 컨설팅 기업인 딜로이트(Deloitte)는 초개인화를 “특정 고객을 대상으로, 알맞은 장소와 시간에, 그리고 알맞은 채널을 통해 그 고객의 전후 사정과 상황에 맞는 소통을 하는 것”이라 정의한다(Through hyper-personalization, companies can send highly contextualized communications to specific customers at the right place and time, and through the right channel). 이 초개인화가 바로 CDP를 통해 완성될 수 있는 것이다. 앞서 설명한 모든 고객 터치포인트에서 데이터를 통합했다면, CDP는 이 통합 데이터를 AI 기반으로 분석하여 타깃(Target) 고객을 더 정교하게 추출할 수 있다. 그리고 타깃된 해당 고객의 맞춤형 상품이나 서비스, 채널, 그리고 시점을 예측하여 고객과 최적의 커뮤니케이션을 할 수 있게 한다. 문자나 SNS를 통해, 또는 온라인 몰에서 상품과 서비스에 대한 맞춤형 추천을 하는 것, 고객이 방문하는 웹과 앱의 랜딩 페이지(Landing Page: 포털, 광고 등을 경유하여 접속하는 사용자가 최초로 보게 되는 첫 페이지)를 개인별로 달리 구성하는 것 등이 모두 여기에 해당하는 커뮤니케이션 영역이라고 볼 수 있다.

◆ 5) 고객 데이터를 활용한 비즈니스 생산성 혁신, 최적화(Optimization) 로직 반영

CDP의 비즈니스 유스케이스(Usecase)를 생각할 때 우리는 개인화만을 떠올리기가 쉬운데, '최적화'라는 개념을 함께 고려해야 하는 경우가 대다수다. '최적화'란 어떠한 문제를 풀어나가야 할 때 주어진 자원의 한계 내에서 최선의 결과를 얻어내기 위한 노력의 과정으로 정의할 수 있다. 단어의 정의에서도 파악할 수 있듯이 최적화는 마케팅 등 어느 한 분야에만 해당하는 용어가 아니고, 비즈니스 전반에 걸쳐 기업이 추구해야 하는 가치이기도 하다. 이렇게 볼 때, 최적화는 다분히 마케팅 관점에서 해석되는 개인화보다는 좀 더 포괄적인 의미를 지닌다고 할 수 있다.

일반적으로 최적화는 수익을 높이거나, 비용을 줄이거나 혹은 시간과 노력을 줄이는 것을 목표로 한다. 예를 들어, 이 책은 고객 데이터를 다루고 있으므로 생산과 SCM 등은 차치하고서라도, 마케팅 투자 효과 극대화를 위해 '미디어 믹스(Media Mix)' 모델링을 수행한다거나, 오프라인 매장에서의 판매 극대화를 위해 고객 동선 데이터 기반의 상품 진열을 하는 것 등을 최적화라고 볼 수 있을 것이다. 물론 개인화에도 최적화 로직은 필수적이다. 개인화 커뮤니케이션은 상품을 추천하든, 메시지나 이미지를 전달하든, 고객에게 최고의 경험을 주기 위한 일련의 활동인데, 데이터로 '무엇이 좋은 경험을 줄 것이다' 라는 것을 예측하여 첫 시도를 하지만, 처음부터 고객이 100% 만족할 수 있는 최적 경험을 제공하기는 힘들다. 따라서 추천하는 상품, 메시지 콘텐츠, 이미지 유형 등의 서로 다른 안을 지속적으로 비교 검토하여 최적의 안을 도출하는 A/B테스트가 반드시 필요한데, 이 테스트가 바로 최적화 과정이라고 볼 수 있다.

| A/B테스트를 통한 최적화 개념 |

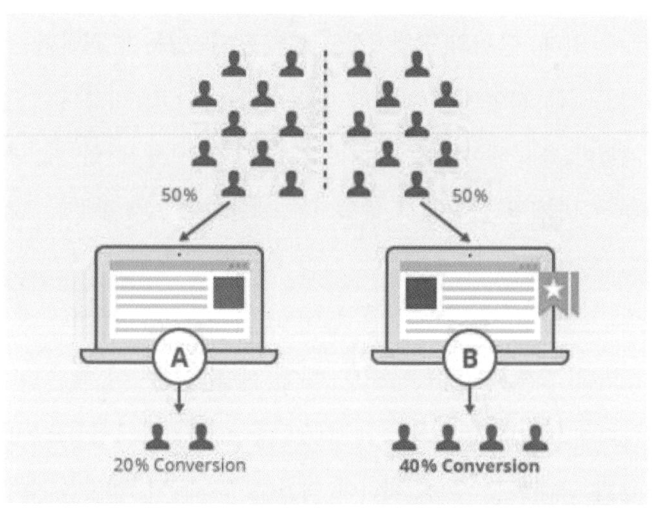

출처: seobility

◆ 6) 데이터의 원천 및 실행 시스템과의 연결 생태계(Echo-System) 구축

모든 시스템이 그렇지만 CDP도 단독으로는 존재할 수 없다. CDP는 광범위한 고객 데이터를 통합해야 하기에 그 데이터를 먼저 담고 있는 매우 다양한 원천 시스템들, 즉 CRM, 앱/웹 시스템, 고객 서비스 시스템, 심지어는 ERP 등과의 밀접한 연계가 필수적이다. 원천 시스템과 CDP 사이에 데이터를 일차적으로 통합 적재하는 데이터 레이크 등 저장소가 있다면 해당 시스템과도 연동되어야 한다. 데이터를 수집하는 단계뿐만이 아니다. CDP는 결국 실시간성을 반영해 마케팅 활동을 지원하는 시스템이기 때문에 캠페인 실행 관점의 시스템과도 매끄럽게 연계되어야 한다. 그것이 이메일이나 문자로 메시지를 발송하는 시스템이든, 자사 디지털 채널에서의 개인화 실행 시스템이든, 실행 시 콘텐츠의 다이내믹한 노출을 위한 콘텐츠 관리 시스템이든 모든 실행 시스템 유형과 API 등을 통해 실시간성이 반영된 상태로 연계되어야 하는 것이다. 이러한 마케팅 또는 캠페인과 관련한 시스템이나 솔루션을 시장에서는 마테크(Mar-Tech: Marketing + Technology의 합성어)이라 부르는데, 전 세계 관련 솔루션 벤더 수가 2011년 150개에서 2022년 기준 1만개 수준으로 기하급수적으로 늘어나면서 그 유형의 복잡성도 높아지고 있다. 따라서 CDP와 다양한 마테크와의 기능적, 비용효율적 연계성에 대한 중요도도 그만큼 높아지고 있다.

<마테크 솔루션 맵>

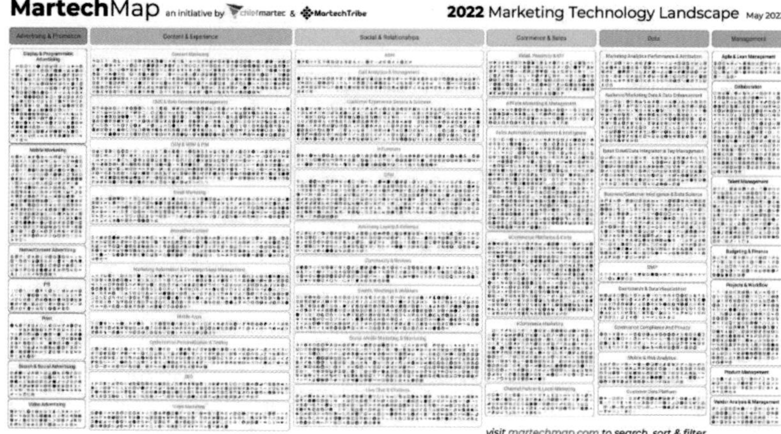

출처: chiefmartec*

* 2011년부터 마테크에 대한 상세 조사를 진행해오고 있는 치프마테크(Chiefmartec)에 따르면 마테크 카테고리는 크게 6가지, 작게는 49가지로 나뉘고, 관련 솔루션 벤더의 수는 총 9,932개에 달한다.

1) 광고 및 판촉(Advertising & Promotion: 프로그래매틱 광고, 모바일 마케팅, 검색 광고 등)
2) 콘텐츠 및 경험(Contents & Experience: 콘텐츠 마케팅, 콘텐츠 관리, 개인화 마케팅, 검색 엔진 최적화 등)
3) 소셜 및 관계(Social & Relationships: 고객 서비스 관리, CRM, 인플루언서 마케팅, 소셜 마케팅 등)
4) 커머스 및 판매(Commerce & Sales: 이커머스 플랫폼, 이커머스 마케팅, 제휴 마케팅 등)
5) 데이터(Data: 고객 데이터 분석, CDP, DMP, 시각화 등)
6) 관리(Management: 애자일 관리, 협력 플랫폼, 프로젝트 관리 등)

CDP의 6대 기술적 가치는 고객 데이터를 비즈니스 가치로 연결할 때의 모든 활동 영역, 즉 데이터 수집, 통합, 분석, 마케팅 실행, 성과 분석까지 모든 것을 포함한다. 사실 CDP 구현을 검토할 때는 기업마다 처한 상황이나 도입 목적과 활용 전략도 모두 다를 수밖에 없기에 이 키워드들을 무조건 모두 적용하거나 고려할 필요는 없다. 앞서 강조했듯이 CDP 도입 시에는 풀고자 하는 문제를 정확히 정의하고, 이 문제를 비즈니스와 시스템, 데이터 관점에서 어떻게 해결해야 하는지에 대한 전략을 수립하여, 이를 완벽히 지원하는 데 적합한 CDP를 선정 또는 개발하고자 하는 것이 중요하다. CDP의 6대 핵심 가치를 생각의 틀로 활용하면서 CDP 도입 및 적용의 과정에서 빠진 것은 없는지, 더욱 강조해야 하는 점이 어디인지 등의 물음에 반드시 참고하기를 바란다.

완벽한 기술에도 불구, 디지털 전환에 실패하는 이유

이 책은 대고객 비즈니스를 영위하는 기업이 디지털 트랜스포메이션 전략을 수립하고 실행하는 데 있어 CDP를 도입하고 활용하는 것이 핵심적 활동이라고 규정하고 있다. 그러나 디지털 트랜스포메이션과 관련된 프로젝트는 사실 말처럼 성공시키기가 결코 쉬운 일이 아니다. BCG의 2020년 말 조사에 따르면, 글로벌 기업이 시도하는 디지털 트랜스포메이션 프로젝트 중 단 30%만이 지속 가능한 변화를 이끌어낼 수 있는 수준으로 성공했다고 한다. 이 30%의 기업들 외에 44%의 기업들은 디지털 트랜스포메이션 활동을 통해 일정 부분 가치는 창출했지만, 목표치를 달성하지 못한 채 장기적으로도 변화가 제한적이라고 답했다. 나머지 26%는 목표치의 반도 미치지 못하는 가치만을 만들었으며 지속적인 변화는 기대할 수 없다고 했다. 구체적인 항목은 다르지만 비슷한 조사를 앞서 진행했던 맥킨지도 디지털 트랜스포메이션을 실행하는 기업 중 70%가 실패한다는 유사한 결과를 발표한 바 있다. 맥킨지는 기업들이 기대에 미치지 못하는 결과를 내는 이유를 '일하는 방식을 바꾸지 않은 채 기술만 덧붙이는 디지털 트랜스포메이션은 새로운 가치 창출이 불가능하다'라고 압축해 표현했다.

이 조사들은 CDP 도입을 포함한 고객 데이터를 활용하는 기업의 시도에 큰 시사점을 준다. 많은 기업은 '데이터만 확보하면', '솔루션을 도입만 하면', '시스템을 구축만 하면', '신기술을 적용만 하면' 비즈니스 경쟁력을 갖게 되고 목표하고자 했던 것을 달성할 수 있을 것이라 흔히들 생각한다. 하지만 제시된 조사 결과처럼 시장에서 보이는 성공 사례는 손에 꼽을 정도로 많지 않은 것이 현실이다.

그러면 성공적인 CDP 프로젝트를 위해서는 무엇을 해야 하는가? 책정해놓은 예산 범위 내에서 CDP 자체가 갖는 기술적 완벽함을 검토하는 것 외에 어떤 것을 고려해야 하는가? 특히 CDP 프로젝트는 생산이나 품질, SCM과 같은 영역과는 달리, 고객 경험과 직결되는 비즈니스 결과물을 위한 것이기 때문에 무언가 좀 더 살펴야 할 것이 분명히 있어 보인다. 이 문제의 답을 찾기 위해서 앞서 설명했던 CDP의 기술 관점의 핵심 가치와 함께 필수적으로 검토되어야 하는 또 다른 영역에서의 키워드는 무엇이 있는지 살펴보고자 한다.

CDP의 활용 모습을 전방위로 검토하라
- 비즈니스, 그리고 거버넌스 전략과의 연계

CDP 도입을 위해 기술적 요소 외 추가 검토해야 하는 점을 시장에서는 어떻게 생각하고 있는지 먼저 살펴보자. CDP 시장은 아직 성숙하지 않았기에 관련 조사가 제한적일 수밖에 없다. 그래서 CDP는 물론, 고객 데이터 프로젝트와 관련한 전반에 대해 파악한 결과를 참고해보고자 한다.

| 기술 외 CDP의 핵심 성공 요소 |

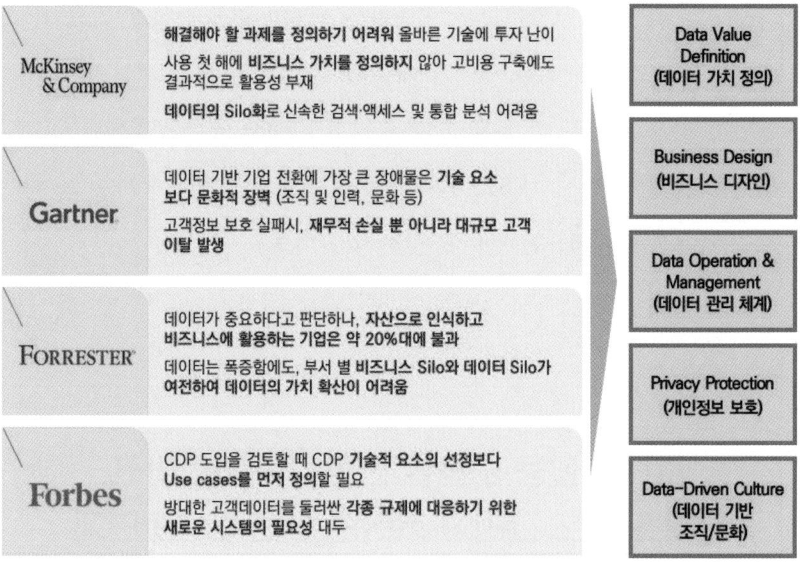

McKinsey & Company	**해결해야 할 과제를 정의하기 어려워** 올바른 기술에 투자 난이 사용 첫 해에 **비즈니스 가치를 정의하지** 않아 고비용 구축에도 결과적으로 활용성 부재 **데이터의 Silo화**로 신속한 검색·액세스 및 통합 분석 어려움
Gartner	데이터 기반 기업 전환에 가장 큰 장애물은 **기술 요소 보다 문화적 장벽** (조직 및 인력, 문화 등) 고객정보 보호 실패시, **재무적 손실 뿐 아니라 대규모 고객 이탈 발생**
FORRESTER	데이터가 중요하다고 판단하나, **자산으로 인식하고 비즈니스에 활용하는 기업은 약 20%대에 불과** 데이터는 폭증함에도, 부서 별 **비즈니스 Silo와 데이터 Silo가 여전하여 데이터의 가치 확산이 어려움**
Forbes	CDP 도입을 검토할 때 CDP **기술적 요소의 선정보다 Use cases를 먼저 정의할 필요** 방대한 고객데이터를 둘러싼 **각종 규제에 대응하기 위한 새로운 시스템의 필요성 대두**

- Data Value Definition (데이터 가치 정의)
- Business Design (비즈니스 디자인)
- Data Operation & Management (데이터 관리 체계)
- Privacy Protection (개인정보 보호)
- Data-Driven Culture (데이터 기반 조직/문화)

자료: 맥킨지, 가트너, 포레스터, 포브스

여러 조사 결과를 요약해보면, CDP를 성공적으로 구현하고 활용하기 위해서는 기술적 관점 외에 크게 2개의 영역, 비즈니스와 거버넌스 관점을 반드시 고민할 필요가 있어 보인다. 세부적으로 요약 구분해 보면 '데이터 가치 정의', '비즈니스 디자인', '데이터 관리 체계', '개인정보보호', '데이터 기반 문화'의 5개 키워드로 표현할 수 있다.

◆ 1) 데이터의 사업적 가치 정의를 우선하라 (Definition of Business Value)

2017년 영국의 이코노미스트지(The Economist)는 "이제 이 세상에서 가장 가치 있는 자원은 더 이상 석유가 아니라 데이터"라고 했다. 기업이 고객들에게 가치를 제공하는 데 있어 제품을 만드는 과정에서 석유는 여전히 필요하지만, 그 가치 제공 방식과 형태가 디지털 또는 옴니채널(Omni-Channel) 관점으로 크게 전환되면서 그 원동력이 되는 데이터가 최상위 필요 자원이 되고 있다는 것이다. 옥스퍼드대(University of Oxford)의 빅데이터 분야 권위자인 쇤베르거(Viktor Mayer-Schönberger) 교수는 좀 더 급진적인 주장을 펼친다. 이 시대의 데이터는 기존의 토지, 노동, 금융이라는 3대 자본과 동등한 새로운 자본(Data Capital)으로 취급해야 하며, 심지어 데이터가 금융을 대체해나가면서 향후 권력의 핵심이 될 것이라고 주장했다.

데이터가 이처럼 극상의 가치를 지니고 있다는 것은 사실 부연하지 않아도 누구나 공감할 것 같다. 그리고 그 가치가 비즈니스와 고객에게 어떤 긍정적 영향을 주는지도 쉽게 이야기할 수 있을 것이다. 그런데 정작 CDP와 같은 데이터 관련 시스템을 구현할 때 '일단 잘 구축해보면 되겠지', '데이터도 일단 있는 대로 모으고 보자' 하는 접근 방식을 자주 목격하게 된다. 이렇게 접근하게 되면 CDP를 목표 기간 내에 구축했고, 데이터를 얼마만큼 모았다는 것으로 성과를 내세우게 되는데, 여기서 문제가 발생한다. 경영진은 정말 큰 확률로 '구축한 CDP와 모아놓은 데이터를 비즈니스에 실질적으로 어떻게 활용할 것인가?' 하는 질문을 할 수밖에 없는데, 이에 대한 구체적인 대답으로 이어지지 않는 것이다.

그렇기 때문에 먼저 데이터를 비즈니스 경쟁력을 강화하는 데 어떠한 가치로 변환할 것인가에 대한 검토가 필요하다. 데이터로 할 수 있는 일은 무궁무진하고, 그 일의 유형 정도는 CDP 도입을 고려하는 기업이라면 누구나 떠올릴 수 있다. 원천 데이터든 가공한 데이터든 이것을 원하는 기업에 직접 판매하여 수익을 내거나, 내부 업무 생산성을 높이는 데 활용하거나, 매출 증진을 위해 영업과 마케팅에 투입하거나, 아니면 데이터 기반의 새로운 서비스 모델을 구현하여 고객 경험을 혁신하는 등 데이터의 활용 범위는 매우 넓다.

다만, 여기서 중요한 것은 기업의 중장기 비즈니스 목표와 전략을 놓고, 이와 연계된 데이터 활용 목표를 명확히 하여 이를 실현하기 위한 전략의 방향성도 정해야만 한다는 점이다. 데이터를 활용해 할 수 있는 일을 모두 한꺼번에 해낼 수 있는 기업은 세상에 존재하지 않는다. 목표와 전략적 방향을 공고히 세우고, 그중에 가장 먼저 해야 할 것과 조금 미루거나 하지 않아도 될 것을 정할 수 있어야 한다. 이렇게 해야만 세부적인 실현 계획, 즉 필요한 물적·인적 자원의 확보 및 배치는 어떻게 할 것인지, 어떤 데이터를 언제 어떻게 추가 확보할 것인지, 시스템은 어떻게 고도화해야 하는지 등에 대한 계획을 세울 수 있고, 전체 목표를 달성할 가능성을 높일 수 있다.

또한, 필요성이 검증된 다른 IT 시스템들과는 다르게 데이터와 그 시스템에 관련된 프로젝트에 대해서는 사방에서 그 활용 가치에 대해 물음표를 던지는 상황이 많이 발생하기 때문에 조직적으로 강력한 사전 공감대 형성이 필수적이다. CEO를 비롯해 모든 데이터와 직간접적으로 관련된 경영진 및 구성원에게 데이터 관련 활동의 가치를 공감케 하기 위해서는 사전에 목표와 전략, 그리고 철저한 계획이 수립되어야 한다.

◆ 2) 비즈니스에 어떻게 활용할 것인지 구체적인 그림을 그려라(Business Usecase Design)

전체적인 목표와 전략의 방향을 수립했다면, 이제는 어느 영역에서 어떤 시나리오로 데이터를 활용할 것인지를 구체화해야 할 타이밍이다. 가령 데이터 활용의 가장 상위 목표 중 하나가 '3분기 자사 앱에서의 디지털 마케팅 고도화를 통한 로열티 향상'이라고 한다면, 우선 이 목표를 '3분기 고객 이탈률 30% 감축', '3분기 고객 재방문율 25% 개선' 등과 같이 측정 가능한 수준으로 분해한다. 그리고 정량 목표를 달성하기 위해 현재의 고객 페인 포인트를 가설과 데이터를 기반으로 도출하고, 이를 해결하기 위한 마케팅 캠페인 시나리오, UI/UX 개선 시나리오 등을 수립한다. 여기에 데이터와 CDP, 그리고 여러 마케팅 솔루션(Mar-tech)을 어떻게 활용할지에 대해 검토하는 식으로 데이터 활용 방안을 구체화해야 한다. 이 예시는 마케팅 영역에 한정된 이야기이지만, 고객 서비스나 상품 개발 등 다른 업무 영역에서도 접근 가능한 방식이다.

사실 고객 데이터는 생산이나 SCM 등 제품을 만들고 유통하는 영역에만 해당하지 않을 뿐, 그 활용 영역으로 보면 마케팅 영역뿐만 아니라 기업 내부의 '운영 효율(Operation Excellence)'을 개선하는 데도 충분히 가치를 창출하고 있다. 예를 들면, 신규 상품을 개발하거나 기존 제품을 개선하는 데 고객의 조사 데이터나 상담 데이터, 소셜 버즈 데이터 등을 활용하고 있다. 또 상담원의 상담 대상 고객별 대응을 최적화하는 데에도 고객 개인정보, 제품 구매 데이터, 상담이력 정보, 마케팅 반응 데이터 등을 활용하고 있다. 이렇게 데이터를 활용한 비즈니스 유스케이스는 운영 효율 개선 관점에서도 검토하는 것이 바람직하다.

◆ 3) 데이터와 CDP에 대한 운영 방법을 세팅하고 조직적 공감을 얻어라(Data Operation & Management)

데이터를 비즈니스 가치로 연결하고자 하는 유스케이스 시나리오가 설계되었다면, 이 시나리오의 원활한 수행을 위해서는 데이터, CDP, 프로세스, 그리고 조직이 유기적으로 연계되어 관리·운영될 수 있는 체계 마련이 필수적이다. 이를 흔히 '데이터 거버넌스(Data Governance)'라고 부른다. 데이터를 활용할 때는 이를 방해하는, 언제든지 마주칠 수 있는 수많은 보틀넥(Bottleneck)이 산재하고 있다. 필요한 데이터에 대한 유무를 어떻게 확인해야 할지 모르는 경우, 필요한 데이터가 있다면 어떻게 접근해야 하는지 모르는 경우, 데이터의 품질이 일관되지 않는 경우 등이 그것이다.

이를 해결하기 위해서는 전사적인 관점에서 데이터 관리 정책과 가이드라인을 우선 제시해 컨센서스를 얻고, 데이터와 관련된 모든 구성원이 숙지할 수 있도록 해야 한다. 그런 이후 데이터가 생성되었을 때부터 활용될 때까지의 모든 과정을 확인할 수 있도록 데이터 가시성을 확보하고, 불완전하거나 부정확한 데이터에 대해 품질 수준을 개선해야 한다. 또 전사 관점의 데이터 거버넌스 담당자는 물론, 각 데이터 활용 조직에도 데이터 관리자를 두어 협업 체계를 공고히 할 필요가 있다.

좀 더 세부적으로는 데이터 메타(Meta: 정보를 효율적으로 찾기 위해 일정한 규칙에 따라 그 정보를 설명하는 데이터. 데이터의 속성을 설명하는 데이터라고도 함)에 대한 표준화, 데이터 카탈로그(유형 별 데이터 목록) 생성, 데이터 흐름 관리, 데이터 라이프사이클(데이터 생성부터 폐기까지의 모든 단계) 관리 등의 활동이 데이터 거버넌스 전략과 실행 영역에서 수행해야 할 일들이다. 이 업무들은 기본적으로 사람의 수작업이 굉장히 많이 필요하기에 때에 따라서는 체계 전반에 대해 솔루션을 도입하거나 IT 시스템을 구축하여 부분 자동화 관점에서 관리 체계를 만들어가기도 한다.

| 메타데이터 개념 |

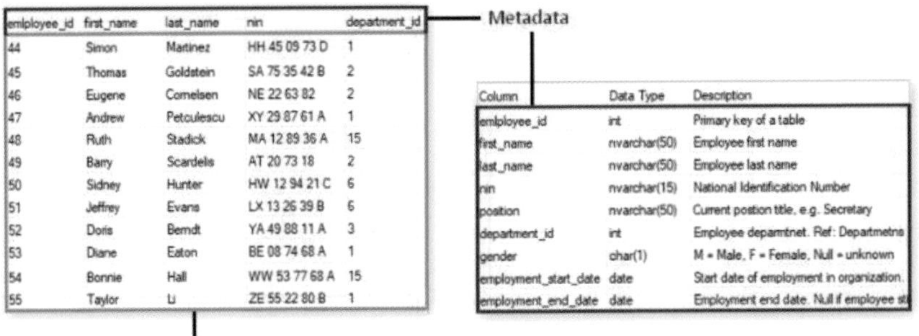

emlployee_id	first_name	last_name	nin	department_id
44	Simon	Martinez	HH 45 09 73 D	1
45	Thomas	Goldstein	SA 75 35 42 B	2
46	Eugene	Comelsen	NE 22 63 82	2
47	Andrew	Petculescu	XY 29 87 61 A	1
48	Ruth	Stadick	MA 12 89 36 A	15
49	Barry	Scardelis	AT 20 73 18	2
50	Sidney	Hunter	HW 12 94 21 C	6
51	Jeffrey	Evans	LX 13 26 39 B	6
52	Doris	Berndt	YA 49 88 11 A	3
53	Diane	Eaton	BE 08 74 68 A	1
54	Bonnie	Hall	WW 53 77 68 A	15
55	Taylor	Li	ZE 55 22 80 B	1

Column	Data Type	Description
emlployee_id	int	Primary key of a table
first_name	nvarchar(50)	Employee first name
last_name	nvarchar(50)	Employee last name
nin	nvarchar(15)	National Identification Number
position	nvarchar(50)	Current postion title, e.g. Secretary
department_id	int	Employee depamtnet. Ref: Departmetns
gender	char(1)	M = Male, F = Female, Null = unknown
employment_start_date	date	Start date of employment in organization.
employment_end_date	date	Employment end date. Null if employee st

자료: Dataedo

◆ 4) 개인정보에 대한 보호와 데이터 보안에 철저하라 (Privacy Protection & Security)

사방에서 막대한 양으로 뿜어져 나오는 고객 데이터가 디지털 트랜스포메이션에 필요한 원유와 같은 역할을 한다고 해서 무차별적으로 수집하고 활용할 수는 없다. 고객 데이터는 기본적으로 개인의 프라이버시(Privacy)와 관련된 정보이기에 남용이나 유출 등에 대한 안전성을 필수적으로 확보해야 하기 때문이다. 고객들도 개인정보에 대한 위/변조, 사기를 위한 악용 등 여러 사건사고와 직간접적으로 마주하기 시작하면서 데이터에 대한 권리 인식이 강해지고 있다.

전 세계적으로 이와 관련한 규제는 지속해서 강화되며 그 활용 범위도 구체화되고 있는 추세다. 기존에도 개인정보와 관련된 법이나 제도는 존재했지만, 유럽은 2018년 '개인정보보호법 GDPR(General

Data Protection Regulation)'을 통해, 미국은 2019년 '캘리포니아 소비자 프라이버시법 CCPA(California Consumer Privacy Act)'를 통해 기업의 개인정보에 대한 보호 및 책임 의무를 강화하면서 전 세계 기업들의 경각심을 높였다. 국내에서도 2020년 유럽의 GDPR 모델과 유사한 '데이터 3법'을 시행하면서 개인정보의 판단 기준을 명확하게 하여 데이터 활용성을 제고함과 동시에 사고 발생을 방지하기 위한 규제도 고도화하고 있다.

개인정보보호와 함께 살펴봐야 하는 키워드로는 '데이터 보안(Data Security)'이 있다. 개인정보보호와 보안이 어떻게 다르다 하는 공식화된 이론은 없으나, 개인정보보호를 '개인의 프라이버시를 보호해야 한다'는 개념이나 정책, 룰(Rule)과 같은 것으로 본다면, 데이터 보안은 '고객 데이터 관련 사고 방지를 위해 물리적으로 방어해야 한다'는 약간은 기술적, 시스템적 관점으로 보는 것이 이해하기 쉬울 것 같다. 데이터 접근 제어, 사용자 권한 관리, 데이터 유출 방지 등이 '보안'에 해당한다고 볼 수 있다.

최근의 정보 보안은 '제로 트러스트(Zero Trust)'를 중시하기 시작했다. 제로 트러스트는 2010년에 포레스터 리서치의 보안 전문가인 '존 킨더백(John Kindervag)'이 제시한 개념으로, '그 어떤 것도 신뢰하지 않는다'는 원칙을 두고 데이터에 대한 모든 접근을 잠재적인 위협으로 판단하는 전략이다. 얼마 전까지만 해도 이론 정도로 여겨졌던 이 개념은 데이터의 폭증, 개인정보보호에 대한 각성, 해킹과 같은 사이버 보안 위협 증가, 그리고 모든 것의 디지털화 등 보안 이슈를 유발할 수 있는 요소가 많아지며 다시 소환되었고, 이를 현실에 적용하기 위한 노력이 한창 진행되고 있다.

CDP는 모든 고객 데이터 유형을 통합하는 시스템이기 때문에 CDP를 적용하려는 기업은 개인정보보호와 보안에 대해 만반의 준비가 필요하다. CDP 솔루션 자체가 제공할 수 있는 고객 동의 관리 등의 관련 기능도 당연히 활용해야겠지만, 시스템적으로 커버하지 못하는 업무와 프로세스, 그리고 조직체계, 문화 관점의 준비가 추가적으로 요구된다. 또한 법과 규제, 정책의 가이드라인을 벗어나는 데이터 활용 영역이 있을 때 자율적 기준으로 활용할 수 있는 '고객 데이터 윤리(Customer Data Ethics)'의 관점에서의 체계도 사전에 고민할 필요가 있다.

◆ 5) 데이터 활용이 너무나도 당연한 조직을 만들어라 (Data-Driven Culture)

기업의 비전과 목표, 그리고 전략에 부합하는 CDP를 도입했고 비즈니스 유스케이스도 어느 정도 그려놓았으며, 개인정보보호 관점에서도 철저한 대비책을 세웠다 하더라도 이를 조직적으로 뒷받침하지 못한다면 CDP 프로젝트의 결과는 장담할 수 없다.

기업의 혁신을 말할 때 최고 경영진의 리더십의 필요성은 빠지지 않고 거론되는데, CDP에서도 마찬가지일 수밖에 없다. 기존 업무 관행이나 일하는 방식의 변화는 최고 경영진이 CDP에 대한 확고한 의지로 강력한 지원을 할 때 비로소 가능해진다. 그리고 CDP가 기업의 대고객 비즈니스의 코어로서 실질적으로 운영되기 위해서는 경영진의 전폭적인 지지와 더불어 조직을 그에 맞게 재편하고 업무 영역별로 전문 인력들을 확보·육성하여 적재적소에 배치해야 한다. 이는 역량의 내재화가 필수적인 업무에서는 당연히 필요한 일이다. 그런데 그럴 필요가 없는 업무나 외부 전문 집단의 도움이 있을 때 가치 창출이 배가되는 업무는 별도로 구분하여, 전략적 파트너십(Strategic Partnership) 또는 오픈 이노베이션(Open Innovation) 체계를 구성하여 대응하는 것도 고민해야 한다.

조직과 인적 역량의 육성만큼이나 고객 중심적 사고를 기반으로 하는 데이터 기반 의사결정 문화 구축도 중요하다. 고객 중심, 고객 만족, 고객 지향 등 대다수 기업은 고객이 최우선임을 끊임없이 외치고 있다. 하지만 그중 많은 수가 여전히 자사의 제품과 기술을 먼저 생각하는 공급자 중심의 비즈니스 형식에서 탈피하지 못하고 있다. CDP가 성공적으로 활용되려면 항상 고객 자체와 고객이 갖는 경험 측면에서 모든 일을 시작하는 문화가 함께 자리 잡혀야 한다. 또한 '데이터를 기반으로 최적의 의사결정을 한다'라는 명제는 공고한 원칙으로 전파하고, 이를 위해 부서 간 데이터 장벽을 허물고 모든 구성원이 언제 어디서든 데이터에 접근할 수 있도록 해야 한다. 이를 기반으로 데이터를 통해 문제를 찾고 대안들에 대해 지속해서 실험하는 문화를 만들어가야 할 필요가 있다.

성공적인 CDP 프로젝트를 위한 전략적 접근 방안

지금까지 CDP가 갖는 기술적 가치와 비즈니스, 거버넌스 관점에서의 필수 검토 요소들을 살펴봤다. 이제 우리는 CDP에 대해 또 다른 질문을 던질 수 있는데, 'CDP를 추진할 때 이 모든 것들을 한꺼번에 다 해야 하나?' 하는 문제다. 사실 모든 기업이 처한 상황과 CDP 도입 목적이 조금씩 다르기 때문에 모든 요소가 한꺼번에 구현될 필요는 없다. 구현이 필요한 영역들은 또 제각기 요구되는 수준과 범위에 맞춰 추진되어야 한다. 이러한 관점에서 앞서 제시한 기술, 비즈니스, 거버넌스 관점에서의 키워드는 CDP 도입 프로젝트를 시작하기 전 As-Is(현황)에 대한 검토, 또는 진단 과정에서는 반드시 고려되어야 한다. 그래야만 우리 회사의 현재 입장에서 실질적으로 필요한 부분이 무엇인지를 MECE(Mutually Exclusive Collectively Exhaustive: 중복되지 않으면서 빠짐없이 구분한다는 생각의 틀) 관점에서 도출할 수 있다.

예를 들면 '온라인 행동 데이터 중 멤버십 앱의 데이터 수집은 다음 단계로 넘기고, 실시간성에 관련해서는 당장은 온라인 행동 데이터 기반 캠페인에만 적용하며, 비즈니스 유스케이스는 일단 마케팅 영역에만 한정하고 고객 서비스와 상품 개발 영역은 다음 단계로 넘긴다' 등의 전략 로드맵을 수립할 때 최적의 의사결정을 할 수 있다는 의미다.

다음 이미지는 앞서 설명한 키워드를 '전략적 CDP 프레임워크(Strategic CDP Framework)'라는 이름으로 도식화한 것이다. 독자 중 누군가는 CDP 도입과 관련한 직접적인 업무를 하고 있을 수 있다. 고민을 시작하는 시점부터 이 프레임워크를 참고 모델로 활용할 수 있기를 바란다.

| 전략적 CDP 프레임워크 |

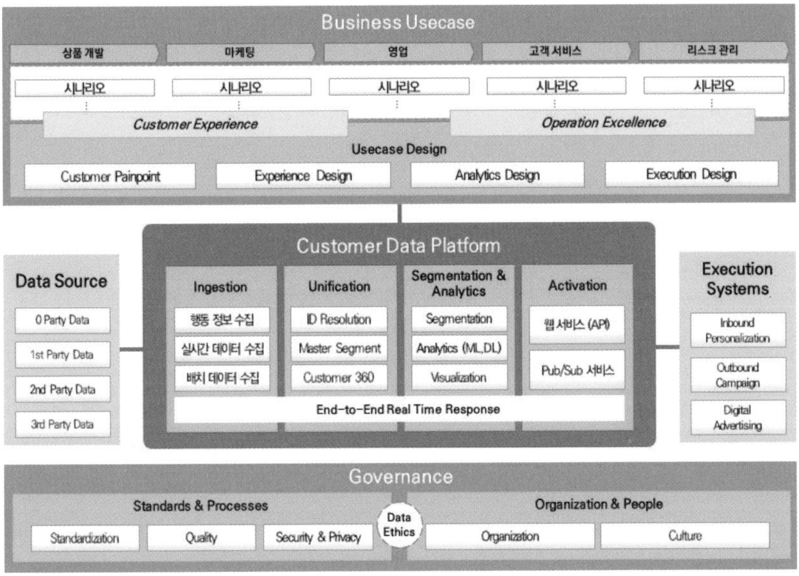

이번 장에서는 독자들의 이해를 돕기 위해 CDP에 대한 개념과 시장 현황, 상위 레벨의 기술적, 부가적 구성 요소를 중심으로 이야기했다. 다음 장부터는 전략적 CDP 프레임워크를 기반으로 각 영역에서의 구체적 추진 전략을 살펴보기로 하자.

DIGITAL TRANSFORMATION

3

고객 데이터는 어떻게 고객과 비즈니스 가치로 전환되는가

데이터를 활용하여 고객 경험을 개선하다

고객 경험 중심의 비즈니스 전략

앞서 설명했듯이 폭발적으로 증가하는 고객 데이터를 실질적인 비즈니스 가치로 연결시키는 것은 최근 B2C 기업들의 초미의 관심사다. 고객 데이터와 관련한 기업들의 당면 과제를 풀어가는 활동들은 다음과 같이 크게 4가지 유형으로 구분할 수 있다.

1) Data Product Business

수집한 Raw 데이터를 의미 있는 형태로 가공하거나 분석하고, 이것을 다른 기업에 판매하여 수익화를 도모하는 데이터 프로덕트 비즈니스 유형

ex) 카드회사의 시도별/업종별 소비현황, 외식소비패턴 등

2) Data-driven Customer Experience

수집하거나 구매한 고객 데이터를 통해 고객 및 고객 경험 여정에 대한 인사이트를 도출하여 고객에게 개인화된 경험을 제공하는 마케팅 유형

ex) 유통회사의 개인 맞춤형 오퍼, 앱/웹에서의 개인 맞춤형 랜딩 페이지(Landing Page) 구현 등

3) Data-driven Operation Excellence

수집하거나 구매한 고객 데이터와 고객 데이터가 아닌 오퍼레이션 데이터(매출, 이익, 비용, IoT 등)를 연계 분석한 결과를 기반으로 업무 생산성을 증대하는 유형

ex) 제조회사의 수요예측 분석, 마케팅 채널 믹스 분석 등

4) Data-driven New Business

기존 비즈니스에 데이터를 적용하는 것이 아닌, 새로운 아이디어를 실현하는 데 여러 형태의 데이터를 활용하여 아예 새로운 비즈니스를 론칭 및 실행하는 유형

ex) 앱을 기반으로 하는 모든 스타트업, 카드사의 고객 데이터 플랫폼 및 컨설팅 서비스 등

이 중 모든 기업이 필사적으로 매달리는 영역은 주로 2) 고객 경험 개선(Data-driven Customer Experience)과 3) 생산성 향상(Data-driven Operation Excellence) 분야다. '데이터 프로덕트'나 '데이터 드리븐 신사업'의 경우, 이를 잘 해내게 되면 그 임팩트는 매우 크지만, 비즈니스에 대한 '타당성(Feasibility)' 문제로 인해 시도하기 위한 결정 자체가 쉽지만은 않아 모든 기업이 고려하고 있는 영역은 아니다.

이 책에서는 고객 데이터를 주로 다루기에, 다른 오퍼레이션 데이터가 필요한 '생산성 향상' 관점의 내용을 제외하지는 않되, '고객 경험 개선'과 관련된 비즈니스 가치 창출을 중심으로 좀 더 범용적인 인사이트를 제공하고자 한다.

◆ 고객 경험의 중요성 (Customer Experience)

아마존의 창업자 '제프 베이조스(Jeff Bezos)'의 너무나도 유명한 성장 전략 모델이 있다. '아마존 플라이휠(Flywheel)'이라고 불리는 모델인데, 사실 이 모델은 세계에서 가장 영향력 있는 경영 석학인 '짐 콜린스(Jim Collins)'가 고안한 것으로, 그의 저서 '플라이휠을 돌려라(Turning the Flywheel)'를 통해 세상에 전파되었다. 그는 좋은 기업에서 위대한 기업으로의 도약을 설명할 때 플라이휠의 원리를 가져왔다. 기업이 더 높은 차원으로 도약하기 위해서는 기업의 경영 철학과 전략을 담은 선순환 고리를 만들어야 한다고 강조했는데, 그 고리는 마치 자동차 엔진의 핵심 동력 장치인 플라이휠이 처음 돌아갈 때는 엄청난 에너지가 필요하지만, 어느 순간부터는 관성에 의해 스스로 돌아가는 것처럼 끝없이 순환해야 한다는 것이다. 어느 날 짐 콜린스는 제프 베이조스에게 이 개념에 대해 진지하게 조언했고, 제프는 이 개념을 틀로 삼아 아마존만의 플라이휠을 다음과 같이 표현했다.

| 아마존 플라이휠 |

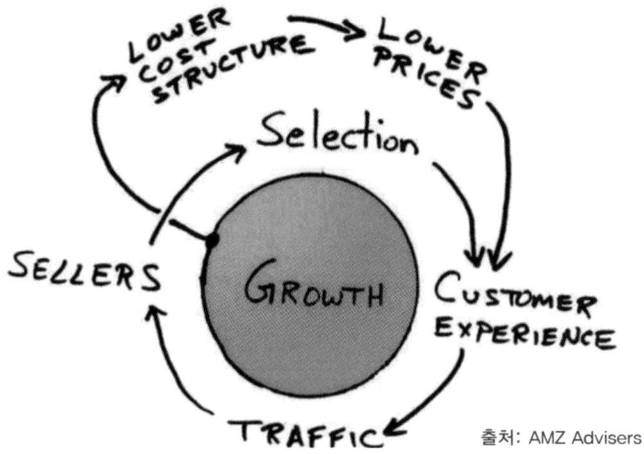

출처: AMZ Advisers

아마존의 플라이휠에는 크게 두 개의 성장 사이클이 있다.

다른 사업자보다 다양한 상품을 준비(Selection)하여 고객이 하나의 사이트에서 원하는 모든 것을 구매할 수 있는 편의성을 제공하면 고객 경험을 높일 수 있고(Customer Experience), 그렇게 되면 더 많은 고객이 방문할 것이고(Traffic), 이를 대응하기 위해 더 많은 판매자가 등록하면(Sellers) 상품의 다양성이 또다시 극대화되는 선순환이 이뤄진다는 게 **첫 번째 사이클**이다.

이를 통해 비즈니스가 성장하면 고정 비용을 낮출 기회가 생기고(Lower Cost Structure), 좀 더 낮은 가격 책정을 가능하게 하여(Lower Prices) 또다시 고객 경험을 폭발적으로 증진시키는(Customer Experience) 선순환이 **두 번째 사이클**이다.

제프는 두 개의 사이클이 서로 맞물려 유기적으로 돌아가며 성장을 이뤄내는 모습을 아마존의 전사적 전략 방향이라 천명했다. '고객 경험'을 개별 순환의 목표 지점이자 두 사이클의 연결고리 역할로 포지셔닝하면서, 아마존 성장의 중심에 '고객과 고객 경험'이 있다는 것을 보다 명확히 했다.

아마존의 사례에서도 알 수 있듯이 고객 경험이라는 키워드는 강렬한 의미를 담고 있다. 사실 이 키워드는 매우 오래전부터 존재했고, 고객 조사나 설문을 통해 그 수준을 분석해 마케팅이나 상품 개발 업무에 반영해오긴 했었다. 최근에는 거의 모든 기업이 고객 경험을 비즈니스 전략의 핵심 키워드로 활용하면서 그 중요성이 이전보다 훨씬 크게 인식되고 있다. 이는 고객들의 디지털상에서의 모든 행동과 소통이 데이터로 남아, 분석할 수 있는 고객 경험에 대한 범위와 깊이가 훨씬 더 확대되고 있기 때문이다.

확장된 고객 경험의 관점, 총체적 경험(Total Experience)

고객 경험이라는 개념은 2022년에 또 한 단계 그 의미가 발전되었는데, 바로 가트너(Gartner)가 전략 기술 트렌드 중 하나로 제시한 '총체적 경험(Total Experience)'이 그것이다.

| 총체적 경험 개념 |

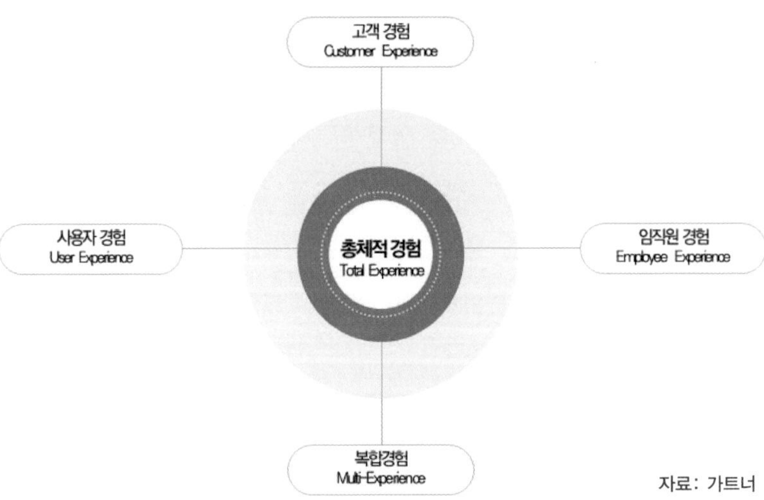

자료: 가트너

'총체적 경험'이란 특정 서비스나 제품에 대한 '사용 경험', 브랜드와의 전체적인 상호작용에서의 '고객 경험', 기업 내부에서의 일하는 방식, 조직 문화 등에 대한 '임직원 경험', 그리고 이러한 모든 과정을 다양한 디바이스와 기술을 통해 겪게 된다는 '복합 경험'을 연결하여 통합적으로 바라볼 때, 궁극적인 고객 가치와 비즈니스 성장이 창출될 수 있다는 개념이다.

총체적 경험의 가장 쉬운 예로 키오스크와 모바일 앱을 활용한 오프라인 매장 운영 최적화를 들 수 있다. 어느 복합몰에서 식사를 위해 푸드코트에 들렀다고 가정해보자. 우리는 먼저 어떤 메뉴를 파는 식당이 있는지를 둘러보고 나서 키오스크를 통해 음식을 주문한다. 결제를 한 후 화면에 전화번호를 입력하고 자리에서 기다리다 보면 카카오톡 등의 메신저를 통해 식사가 준비되었음을 확인할 수 있다. 단순한 것 같지만 자세히 살펴보면 다양한 경험들이 연결되어 푸드코트에서의 하나의 통합 경험으로 수렴되는 것을 알 수 있다.

1) 여러 대의 키오스크를 통해 주문 대기 시간이 단축되어 고객 경험(CX) **향상**

2) 여러 대의 키오스크를 통해 주문을 받아 단순하지만 시간 소요가 많은(Time-Consuming) **업무가 줄어들어 직원 경험**(EX) **향상**

3) 식당과 고객의 소통은 키오스크 스크린 터치, 키오스크 음성 안내, 모바일 푸시 등 다양한 터치포인트를 활용하여 복합 경험(MX) 향상

4) 대면 주문 프로세스에서는 얻을 수 없는 고객 데이터(디지털 행동, 전화번호 등) 추가 확보

| 음식 주문용 키오스크 |

출처: tillster

위의 세 가지 경험 항목에 '사용자 경험(UX)'이 빠져 있는데, 키오스크의 총체적 경험 향상 예시는 UX가 완벽했을 때를 가정했기 때문이다. 그런데 '현실에서 키오스크를 통한 매장 운영이 정녕 고객을 만족시키고 있는가?'라고 누군가 질문을 던진다면 대다수 사람은 쉽사리 '매우 그렇다'라고 답변하기는 힘들 것 같다. 키오스크에서 주문을 할 때, 메뉴 확인 이후 결제 버튼이 눈에 들어오지 않아 헤맸거나, 포인트를 어떻게 쓰는지 몰라 우왕좌왕했거나, 카드 결제 시 오류가 나서 발을 동동 굴렀거나, 심지어 이때 나의 뒤로 긴 대기 줄이 이어진 것을 알아채고 당황했던 경험은 누구나 가지고 있을 것이기 때문이다.

그만큼 총체적 경험의 요소들은 모두 연결되어 있다는 것을 의미한다. 한두 개 영역에서의 부정적 경험이 있으면 결과적으로 고객 경험에 불편을 줄 수밖에 없는 것이다. 반대로, 개별 영역에서의 긍정적인 경험의 향상은 지속적인 경험의 개선을 만들 수 있다. 사용자 경험(UX)의 향상은 고객 경험(CX)의 향상을 가져올 수 있다는 것은 너무나 당연하다. 또 직원 입장에서도 사용성에 대한 고객 불만이나 이슈를 처리하는 노력과 시간이 줄어들어 직원 경험(EX)도 향상시킬 수 있다. 이렇게 직원 경험(EX)이 향상되면 업무 만족도와 생산성이 높아지고, 이로 인해 고객을 중심으로 사고할 수 있게 되어 결국 사용자 경험(UX)과 고객 경험(CX)의 향상으로 이어질 수 있는 선순환을 그릴 수 있다는 의미다. 총체적이든 개별적이든 어떤 관점으로 바라봐도, 결국 핵심은 고객 경험으로 수렴된다는 것은 확실해 보인다.

새로운 고객 경험을 디자인하고 데이터로 경험을 개선하다

고객들이 특정 브랜드의 어떤 시도에 진심으로 감동하여 그 브랜드의 가치를 확신하는 순간을 'Wow-Moment(또는 A-ha-Moment)'라고 하며, 이러한 순간을 겪는 과정을 'Wow-Experience'라고 한다.

이 책을 읽고 있는 독자 중에서도 어떤 제품이나 서비스를 소비하는 과정, 혹은 브랜드와의 커뮤니케이션 과정에서 기대했던 것보다 훨씬 좋은 경험을 하는 순간, 나도 모르게 'Wow~!' 소리가 나왔던 적이 있을 것이다. 주변 사람들에게 'Wow-Moment'의 경험을 묻는다면 아마도 수많은 이야기를 들을 수 있을 것이고, 또 공감하는 부분도 많을 것이다. 가령 기존 공인인증서 기반의 인터넷 뱅킹 서비스에 오랫동안 정말 말도 못 할 정도로 답답함을 느끼고 있었던 상황에, 토스(Toss)나 뱅크샐러드(Banksalad) 등의 핀테크 기반 간편 송금 서비스를 마주하는 순간, 많은 사람이 강렬한 Wow-Moment를 경험했으리라 쉽게 생각할 수 있다.

사람들은 이렇게 Wow-Moment를 겪게 되면, 이토록 좋은 것을 나만 알고 싶지 않아 어딘가에 이야기하고 싶어 입이 근질근질해지고, 그래서 여러 지인이나 디지털 공간의 불특정 다수에게 자발적으로 경험을 공유하게 된다. 이런 과정을 통해 더 많은 고객이 Wow-Moment를 한순간이 아니라 지속해서 경험하게 되고, 자연스럽게 해당 브랜드에 대한 충성도가 높아지게 되며 나아가서는 팬덤 형성까지 바라볼 수 있게 된다. 강렬한 임팩트를 줄 수 있는 Wow의 순간을 설계한다는 것은 이제 모든 기업의 숙명이 된 듯하다. 기업들은 그 경험을 디지털 터치포인트를 중심으로 제공함으로써 더욱 양질의 고객 데이터를 확보하고, 이를 통해 고객 경험을 보다 더 향상시킬 수 있는 기회를 얻고자 노력하고 있다.

◆ 월트 디즈니(Walt Disney): My Magic+를 통한 피지털(Phygital = Physical + Digital) 경험

남녀노소 할 것 없이 월트 디즈니를 생각하면 꿈과 희망, 마법 같은 행복 등의 긍정적인 이미지를 떠올리게 된다. 디즈니는 다분히 감성적인 콘텐츠로 고객들과 커뮤니케이션하는 대표적인 기업인데, 그 분위기와는 다르게 디지털 기술과 데이터를 잘 활용하기로 정평이 나 있기도 하다.

전 세계 테마파크 중 가장 큰 규모를 자랑하는 미국 올랜도의 디즈니월드(Disney World)*는 고객 데이터를 활용하여 고객들이 느끼는 핵심적인 페인 포인트를 분석했다. 고객들은 서비스를 이용할 때 긴 줄에서 오랫동안 대기해야만 하는 것, 식당에서 자리를 확보하기 위해 쟁탈전을 벌여야 하는 것 등 수없이 몰려든 인파로 인한 불편함에 가장 큰 스트레스를 받고 있었다. 사실 인기 있는 테마파크에서는 고객들이 어쩔 수 없이 받게 되는 스트레스이기도 하지만, 디즈니는 마이 매직플러스(My Magic+)라고 하는 새로운 O2O(Online to Offline) 서비스 방식으로 이를 해결하고 고객들에게 긍정적 경험을 제공하고자 했다.

마이 매직플러스는 '마이 디즈니 경험(My Disney Experience)'이라고 하는 모바일 앱과 '매직 밴드(Magic Band)'라는 IoT 기술이 적용된 고

* 미국 로스앤젤레스 또는 여러 나라에 존재하는 디즈니랜드(Disneyland)와는 다른 총 4개 테마파크, 2개 워터파크로 구성된 세계 최대 테마파크

| 디즈니 매직 밴드 |

출처: disneyfoodblog

무 팔찌를 활용하여 고객 편의성을 극대화한다. 고객들은 모바일 앱을 통해 디즈니월드 방문 전, 이용하려는 서비스의 일정을 예약할 수 있다. 디즈니월드에 들어와서는 모든 서비스와 캐릭터에 대한 위치, 서비스별 고객 대기 시간, 이벤트 일정 등을 이 앱을 통해 실시간 확인할 수 있다. 또한 상점에서 고객이 원하는 캐릭터 인형 등을 만났을 때 앱을 활용하여 스캔하고 바로 구매할 수 있으며, 가지고 다니기 번거로울 때는 집으로 배송받을 수도 있다.

매직 밴드는 고객이 모바일 앱으로 예약한 일정에 디즈니월드에 방문하면 내부 입장, 서비스 이용, 호텔 룸 이용 등에 만능 ID 역할을 한다. 매직 밴드를 사전 확보한 고객들은 별도 입장권이 필요 없이 밴드를 리더기에 태깅하는 것으로 디즈니월드에 입장할 수 있다. 또한 서비스를 이용하거나 식당, 소품점 등에서 무언가를 구매할 때도 태깅을 통해 결제가 가능하다. 디즈니월드 내부에서뿐만 아니라, 공항에서 디즈니월드까지 상시 운행하는 '매지컬 익스프레스(Magical Express)' 이용을 위한 탑승권으로 사용할 수도 있을 정도로 그 활용도는 굉장히 높다.

디즈니는 고객들이 앱과 밴드를 통해 남기는 흔적들을 모두 데이터화하고, 이를 개인 맞춤형 서비스를 제공하는 데 다시 활용하면서 그 성과를 지속해서 높이고 있다. 고객들이 느끼는 부정적 포인트 해소와 긍정적 경험(놀이 기구, 디즈니 캐릭터 기반 콘텐츠 등)의 지속적 확대, 그 과정에서의 고객 데이터 기반 인사이트 확보는 디즈니의 핵심 성공방정식이라 할 수 있다. 마이 매직플러스 프로젝트만 본다면, 디지털 기술을 통한 오프라인 또는 물리적 경험의 향상을 의미하는 'Phygital(물리적(Physical)과 디지털(Digital)의 합성어) Experience'의 최고의 사례로 볼 수 있다.

◆ 코카콜라(Coca-Cola): Coke-on 앱을 통한 전통적 경험과 새로운 디지털 경험의 연계

전 세계에서 가장 많이 팔리는 음료를 생산하고 판매하는 코카콜라는 오랫동안 광고나 마케팅 분야에서도 탁월함을 보이는 기업이다. 그만큼 고객과의 직접적인 소통을 통해 의미 있는 관계를 구축하는 데에 매우 능숙하며, 비즈니스를 하는 데 고객과 시장의 트렌드를 빠르게 잘 반영하고 있기도 하다.

일본 코카콜라(Coca-Cola Japan)는 오래전부터 고객과의 소통을 위한 웹사이트인 '코카콜라 파크(Coca-Cola Park)'를 매우 성공적으로 운영해왔다. 그런데 2010년대가 되자, 디지털 환경이 웹에서 모바일로 급속히 변화하면서 코카콜라 파크의 사용자가 급감했고, 무언가 새로운 디지털 플랫폼의 확보가 절실해졌다. 다른 기업과 마찬가지로 새로운 모바일 앱의 론칭은 너무나도 당연했으나, 한발 더 나아가 고객에게 좀 더 차별화된 경험을 제공할 수 있는 전략을 추가적으로 전개하고자 했다. 그로 인해 실행된 것이 일본 특유 자판기 문화와 결합된 모바일 앱 '코크온(Coke-on) 프로젝트'다.

| 코카콜라 재팬의 코크온 앱과 연동 자판기 |

출처: adweek

코크온은 고객들이 코크온 앱과 연동되는 자판기에서 음료수를 구매하면 음료 1개당 스탬프 1개를 앱을 통해 받을 수 있고, 스탬프를 15개 모으면 자판기를 통해 원하는 음료로 교환할 수 있게 하는 전략이다. 음료를 자판기에서 구매하는 것이 일상인 일본 고객들은 이를 굉장히 큰 혜택으로 느꼈고, 음료를 마시고 싶을 때는 이왕이면 코크온 앱을 다운받고 앱과 연동되는 자판기를 찾게 되었다. 코카콜라 입장에서는 공짜 음료 제공으로 비용은 조금 더 늘었지만, 코카콜라 음료를 선택하는 고객이 훨씬 더 많이 증가하여 매출은 그보다 더 늘릴 수 있게 되었다. 그리고 이보다 중요한 것은 코크온이라는 자사 디지털 채널을 수많은 고객이 사용하게 되면서 이전과 비교할 수 없을 정도로 많은 고객 데이터를 확보하게 되었다는 점이다. 수많은 고객 데이터를 분석하여 로열티가 높은 고객들에게는 스탬프를 2배 주거나 신제품에 대한 무료 시음 기회를 제공한다든지, 구매 가망도가 높은 고객들이 자판기 근처를 지나갈 때 실시간으로 푸시 메시지를 보낸다든지 하는 개인화 디지털 마케팅의 실행이 가능해졌다.

코크온의 고객 경험 차원에서의 대성공은 추가적인 서비스의 론칭으로 이어졌고, 추가 서비스는 다시 고객을 모으는 선순환 사이클을 만들고 있다. '코크온 워크(Coke-on Walk)'를 통해 고객들은 목표한 기준거리를 걷기만 하면 무료 음료 서비스의 기초인 스탬프를 하나씩 받을 수 있다. 이는 고객들에게 앱의 사용을 습관화시키고자 하는 전략으로, 앱의 다운로드 및 활용성을 높이는 데에 크게 기여하고 있다. 또한 코카콜라 자판기를 통한 정액 구독 서비스인 '코크온 패스(Coke-on Pass)'를 개당 단가로 따지면 훨씬 더 저렴하게 운영하면서, 자판기 사용 빈도가 높은 헤비 유저(Heavy User)들의 큰 반응을 얻고 있기도 하다.

코크온 앱은 일본에서 지난 2021년 3월 기준 2,600만 명이 다운로드했을 정도로 그 가치를 인정받고 있다. 음료뿐만 아니라 도시락, 우동, 햄버거 등 너무나도 다양한 상품을 자판기로 구매하는 문화를 가진 일본이라는 나라에 최적화된 전략의 실행이었다고 평가할 수 있다. 고객들의 일상적이고 전통적인 경험을 디지털로 승화하는 것이 고객들에게는 친숙함과 새로움이 동반된 최고의 경험으로 다가갈 수 있다는 것을 우리 모두 참고해야 하겠다.

◆ 테슬라(TESLA): 자동차가 주는 고객 경험의 범위를 무한히 확장하다

전기차 하면 가장 먼저 떠오르는 기업은 단연 '테슬라(Tesla)'다. 제품에 대한 광고비로 단 1원도 지출하지 않는 기업이 소비자에게 가장 먼저 생각나는 기업과 제품으로 각인된 비결은 무엇일까? 테슬라는 대단히 전통적인 영역인 자동차 산업에 '전기차'라는 새로운 유형의 제품을 선보이며 신선한 경험을 전달하고 있을 뿐만 아니라, 고객들이 테슬라 전기차를 바라보고, 구매하고, 사용하는 모든 경험 여정을 혁신적으로 변화시키면서 '테슬라'라고 하는 브랜드 이미지를 세상에서 가장 가치 있는 것 중 하나로 만들고 있다.

테슬라의 CEO 일론 머스크(Elon Musk)는 지난 2019년 "테슬라의 모든 자동차는 앞으로 온라인으로만 구매할 수 있게 하겠다"라고 하며 실제 온라인 판매를 본격화했다. 사실 대표적인 고관여 제품(가격이 비싸거나 본인에게 의미가 커서 구매하는 과정에서 시간과 노력을 많이 들이는 제품)인 자동차를 눈으로 보고 손으로 만져보지 않은 채 온라인에서 덜컥 살 수 있는 고객은 많지 않았다. 테슬라도 당연히 이를 모르지는 않았다. 오프라인에서의 매력적인 경험을 할 수만 있다면 오프라인이든 온라인이든 구매 방식은 크게 상관없을 거라 판단했다. 그래서 애플의 핵심 경쟁력 중 하나인 '애플 스토어(Apple Store)'를 벤치마킹했고, 더 나아가 아예 애플 스토어 책임자를 영입하여 오프라인 매장을 온라인 고객을 위한 체험 공간으로 만들면서 큰 성공을 거두게 된다. 애플과 같이 오프라인에서는 제품 자체가 아닌, 브랜드와 감성을 기반으로 고객과의 소통에 집중하는 테슬라의 매장은 당연히 모두 직영을 하며 고급 쇼핑몰이나 명품 스트리트에 자리 잡고 운영되고 있다.

| 미국의 테슬라 매장의 모습 |

출처: Retail Design Blog, Electrek

| Tesla 내부 터치스크린 |

출처: screenrant

테슬라를 가지고 있거나 내부를 경험한 사람이라면 가장 눈에 띄는 인테리어를 기억할 것이다. 운행이 아닌 다른 거의 모든 기능, 예를 들면 AVN(Audio Video Navigation)은 물론, 냉난방, 와이퍼, 선루프, 심지어 핸드 브레이크까지 컨트롤할 수 있는 대형 터치스크린이 바로 그것이다. 테슬라 차에는 터치스크린 외에는 딱히 물리적인 인테리어라고 불릴 만한 것이 없어, '심플'과 '효율'이 극대화되어 있다고 평가받는다.

또한 테슬라는 향후 완전한 자율주행을 비전으로 삼고 있어 차량 내부에서의 엔터테인먼트에도 매우 적극적이다. 2019년 테슬라 차량에 '테슬라 아케이드(Tesla Arcade)'라는 게임 플랫폼을 탑재하여 실제 운전대와 페달을 활용한 레이싱게임 등을 즐길 수 있게 했다. 이뿐만 아니라, 앞으로는 세계에서 가장 큰 온라인 게임 유통 플랫폼인 '스팀(Steam)'과의 연계를 통해 더 흥미롭고 다양한 게임을 제공할 예정이다.

일론 머스크가 SNS, 특히 '트위터(Twitter)'를 통해 고객들과의 소통에 적극적인 모습을 보이는 것은 널리 알려져 있다. 가끔은 이슈가 되기도 하지만, 어쨌든 간에 고객의 피드백을 실시간으로 듣기 위한 시도임에는 틀림없다. 또한 테슬라는 운행 방식, 기능 활용, 핸들의 손 위치 등 운전자의 모든 행위를 차량 내외부의 수많은 센서를 통해 수집하여 데이터화하고 있다. 차량의 온라인 판매를 포함하여 앞서 설명한 모든 것을 통해 데이터를 추가 확보하고, 이는 또다시 테슬라의 고객 경험 중심의 문화를 타고 고객 가치로 이어지고 있음은 명백해 보인다. 테슬라로부터 촉발된 자동차 산업의 혁신은 이제는 전기차의 상용화라는 가치를 넘어, 고객과 직접 소통하면서 자동차라는 제품이 고객에게 주는 경험의 범위를 무한히 확장하고 있다는 점이 그 내면의 핵심이 아닐까?

기존 업무에도 고객 경험의 관점과 데이터를 적용하다

앞의 사례들은 고객 경험을 키워드로 하는 회사 전반의 전략적 비즈니스 혁신에 대한 이야기였다. 이번에는 마케팅이나 고객 서비스와 같은 단위 업무가 데이터와 만나 어떻게 고객 경험을 향상시킬 수 있는지 다뤄보도록 하자.

앞서 한 조사에서 최근 많은 고객이 기업이 자신들을 잘 이해하고 그에 맞게끔 개인화된 소통(마케팅)을 시도하는 것을 기대하고 있다고 언급한 바 있다. 마케팅 메시지의 홍수 속에 자신도 모르게 짜증이

날 때가 있기는 하지만, 나의 니즈와 구미에 맞는 마케팅 메시지를 만나면 정말 관심을 기울이게 되는 것 같다.

한번 상상해보자. 내일 오전 6시 골프 라운딩 약속이 있어 늦어도 새벽 5시에는 나가야 하는데, 그동안 너무 바빠서 아무것도 챙기지 못하다가 지금은 벌써 약속 전날 밤 11시가 다 되었다. 그런데 골프공이 없다. 이전 라운딩에서 공을 다 잃어버리고 하나도 남지 않은 것이다. 골프를 잘 쳐서 항상 새 볼로 플레이하는 사람들은 골프장에 가서 사면 되지만, 나는 라운딩당 볼 10개는 족히 잃어버리는 골린이다. 그래서 중고 골프공(전문용어로 로스트볼)이라야 마음이 놓이는 타입이다. 또 아무리 골린이라도 원하는 브랜드는 있다. 망연자실한 채 혹시나 하고 스마트폰을 봤더니 골프공 구입 시 항상 가던 온라인 골프숍에서 보내온 메시지가 보인다. 터치 한 번만으로 내가 선호하는 브랜드의 로스트볼이 내가 원하는 만큼 주문되고, 심지어 다음 날 오전 5시 전에 집 앞으로 배송이 된단다. 이 순간 삶의 모든 고뇌가 해소된 듯한 희망찬 감정을 느끼고 내일 새벽 라운딩을 기다리며 편하게 잠을 청할 수 있게 될 것 같다.

이 얼마나 멋진 경험인가? 그런데 사실 말은 쉽지만 기업 입장에서는 구현해내기 쉽지 않은 프로세스다. 데이터 분석을 통해 개인 맞춤형 상품을 추천하는 것은 둘째 치더라도, 재고와 물류, 배송을 개인화 마케팅을 위해 최적화해야 가능한 상황이다. 이처럼 궁극적인 개인화 마케팅으로 가기 위해 기업들은 하나씩 하나씩 사례를 만들어나가면서 고객들에게 제공하는 경험도 차차 개선해나가고 있다.

◆ 옥외광고의 패러다임을 바꾸다:
브리티시 에어웨이(British Airways)의 Magic of Flying

흔히 옥외광고(OOH: Out-of-Home)라고 하면 커다란 광고판을 유동 인구가 많은 곳에 설치하고 특정 브랜드나 제품, 서비스를 평면적으로 노출하는 다소 진부한 마케팅 방식이라고 떠올리기 십상이다. 하지만 디지털 사이니지(Digital Signage) 기반의 옥외광고가 활성화되고 여기에 데이터를 접목해 새로운 디지털 마케팅이 시도되면서 다시 주목받고 있는 영역이기도 하다.

하늘에 비행기가 날아가고 있는 것을 보면, 누구라도 자연스레 눈이 가면서 무의식적으로 '나도 저 비행기를 타고 어디론가 떠나고 싶다'라고 생각하기 마련이다. 이미 오래된 사례지만, 영국의 유력 항공사인 '브리티시 에어웨이(British Airways, 이하 BA)'는 그러한 고객들의 심리에서 착안한 디지털 사이니지 브랜드 광고에 다양한 데이터를 적용하면서 엄청난 성과를 보인 적이 있다.

광고의 내용은 다음과 같다. 런던의 피카디리 광장 한복판의 디지털 사이니지를 통해 어린아이가 앉아서 놀고 있는 이미지를 기본적으로 송출하다가, BA의 비행기가 그 하늘 위로 날아가면 아이가 일어나 비행기를 손가락으로 가리키며 뛰어간다. 그 과정에서 화면의 일부에는 그 비행기의 항공편명, 도착지 등의 정보를 노출한다.

피카디리 광장의 하늘 위로 BA의 비행기가 지나갈 때마다 많은 사람들이 그 디지털 광고판을 바라보게 될 것이고, 이들로 하여금 화면에 나온 도착지로 떠나고 싶다는 감정과 함께 어린아이와 같은 마음으로 비행기를 바라보며 BA에 대한 설레는 브랜드 경험을 갖게 하려는 의도였다.

| 브리티시 에어웨이 'Magic of Flying' 캠페인 |

출처: OUTSMART

'Magic of Flying' 또는 'Look up'이라고 불리는 이 캠페인은 BA의 항공 스케줄링 데이터와 구름 여부 등의 날씨 데이터를 실시간으로 반영하고, 모든 항공편을 실시간으로 추적하는 디지털 기술을 적용했기에 가능했다. 이 캠페인은 한 달 동안 유튜브(YouTube) 조회 수 3천만 건, 트위터(Twitter)의 트윗(Tweet) 1만 7천 건에 달하는 등 고객들에게 큰 반향을 불러일으키면서 '칸 라이언즈 광고제(Cannes Lions)' 수상작이 되기도 했다. 크리에이티브와 디지털 기술, 그리고 데이터가 만나면 마케팅 효과를 배가시킬 수 있다는 명제가 검증된 대표적 사례라고 볼 수 있다.

◆ 뷰티 산업의 디지털 트랜스포메이션: 로레알(L'Oreal)의 가상화 기술과 데이터를 통한 개인화

'핀테크'처럼 전통 산업 영역에 디지털 테크가 접목되어 새로운 디지털 산업 키워드를 만들어내고 있는 또 다른 영역이 있다. 화장품으로 대표되는 뷰티 산업에 테크와 데이터를 융합한다는 '뷰티 테크(Beauty Tech)'가 그것이다. 스타트업이든 기존의 대형 기업이든 이 분야를 선점을 위해 치열한 경쟁을 벌이고 있다. 그중 약 30개 이상의 브랜드를 운영하며 글로벌 업계 1위로 자리매김하고 있는 '로레알 그룹(L'Oreal)'의 사례를 소개해보고자 한다.

로레알은 2010년대 들어 데이터 활용성을 높이기 위해 수많은 브랜드의 디지털 채널을 통합하면서, 나이키의 사례와 같이 D2C를 추진했다. 이 과정에서 기본적으로 확보하고 있던 고객의 거래 내역 등의 데이터에 디지털 채널 방문자들의 행동 데이터까지 통합하며 데이터 드리븐 마케팅의 기반을 갖추었고, 디지털상에서의 개인 맞춤형 추천 등의 서비스를 본격화했다.

이와 더불어, 로레알은 데이터를 기반으로 하는 옴니채널 마케팅(Omni-Channel 마케팅, 온라인과 오프라인을 연결한 마케팅) 전략도 펼쳐나간다. 예를 들어, 자사 온라인 몰에서 장바구니에 제품을 담았거나 찜을 해놓은 고객들을 구매전환 가능성이 높은 고객으로 분류하고, SNS 마케팅을 통해 해당 고객들의 자사 뷰티숍 방문을 유도한다. 고객이 뷰티숍에 찾아오면 관심을 가지고 있던 제품을 모바일 앱을 활용하여 간편하게 구매할 수 있도록 하는 식이다.

이뿐만 아니라 로레알은 AR 기술 기반의 가상 메이크업 서비스로도 유명하다. '메이크업 지니어스(Makeup Genius)'라고 하는 앱으로 시작되었던 이 서비스는, 고객들이 모바일 화면을 통해 다양한 로레알 화장품을 활용하여 본인의 얼굴 메이크업을 가상으로 해볼 수 있게 해준다. 시장의 반응은 뜨거웠다. 로레알은 이를 통해 고객들의 안면의 형태와 피부의 형질, 그리고 고객별 메이크업 취향 등 방대한 고객 데이터를 확보할 수 있었다. 로레알은 확보한 데이터로 고객들의 피부를 진단하여 개인화된 제품을 추천하는 서비스를 추가 개발하면서 맞춤형 서비스를 더욱 정교화하고 있다. 최근에는 집에서 사용할 수 있는 개인 맞춤형 립스틱 제조기 '페르소(Perso)'를 론칭했는데, 사용자가 페르소를 사용하는 시점의 피부 톤과 의상 등을 분석하여 가장 잘 어울리는 색상의 립스틱을 바로 만들어주는 것으로 큰 주목을 끌고 있기도 하다.

| 로레알 Makeup Genius |

출처: ADTECH 40

◆ 고객 데이터 제휴를 통한 Win-Win: Grab-CHUBB 개인 맞춤형 보험 상품 개발

데이터를 활용할 때 대부분의 경우, 가지고 있는 데이터가 충분치 않아 고심에 빠지기 마련이다. 이를 타사와의 제휴를 통해 제공받는 2nd Party 데이터로 해결하고는 하는데, 스위스 최대 손해보험사 '처브(CHUBB)'와 동남아 모빌리티 최강자 '그랩(Grab)'의 협력은 그 진수를 보여준다.

그랩은 2012년 택시 호출 서비스로 시장에 진출한 이후 2018년 '우버(Uber)'의 동남아 사업권을 인수하며 동남아의 모빌리티(Mobility) 서비스 시장을 지배하고 있다. 또 최근에는 음식 배달, 호텔 예약, 간편 결제 등 서비스 영역을 확대하며 동남아 대표 '슈퍼앱(Super App)'으로 자리 잡아나가고 있는 디지털 네이티브 기업이다. 모빌리티에 한정하여 생각할 때 그랩의 고객은 앱을 이용하는 사람들, 즉 택시 탑승객뿐만 아니라 가입된 운전자도 고객이라 볼 수 있고, 운전자들이 필수적으로 가입해야 하는 보험 상품의 제공도 서비스 중 하나다.

그랩은 사업 영역의 확대 과정에서 CHUBB와 손을 잡았다. CHUBB는 자사와 그랩이 보유한 운전자의 기본 개인정보, 거래 기록뿐만 아니라 그랩이 단독으로 보유한 개별 운전자들의 주행 거리, 운전 빈도, 속도, 습관 등 풍부한 운행 데이터를 활용하여 운전자들의 특성에 맞는 다양한 상품을 개발했다. 이러한 상품들을 그랩 앱 내에서 제공하기 시작하면서 고객들의 큰 호평을 얻었다. 현재는 또 다른 고객층인 탑승객 개인용 여행자 보험 등으로 확대 적용하며 고객 경험과 사업 성과를 극대화하고 있다.

| Grab - Chubb 운전자 맞춤형 보험 |

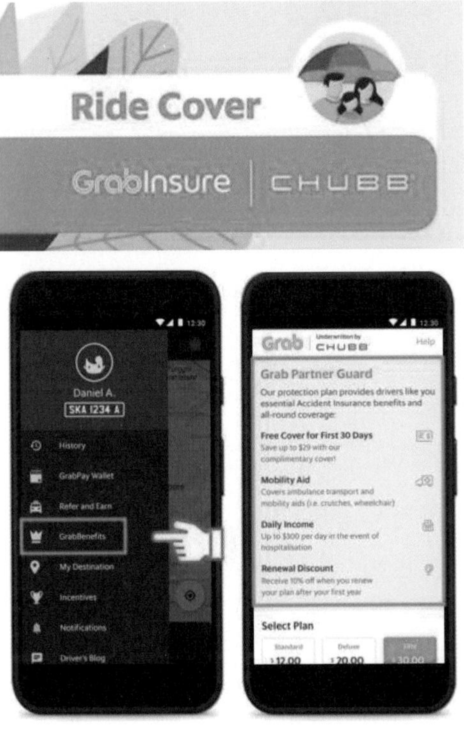

출처: 그랩, The Digital Insurer

지금까지 마케팅이나 상품 개발 업무와 관련된 사례를 설명하였다. 이 외에도, 고객 서비스 등의 업무 영역에서도 많은 사례가 쏟아져 나오고 있다. 고객 서비스(상담, 수리 등) 업무는 브랜드에 대한 고객 만족과 직결되는 B2C 기업의 핵심 '밸류체인(Value-Chain)' 중 하나로, 고객 경험과 데이터를 적용하는 대표적 대상 영역이다. 글로벌 선진

B2C 기업들은 상담사에게 고객 개인별 최적화된 상담 콘텐츠를 추천하기도 하고, 아예 고객 개인 성향이나 상담 사유를 예측하여 이에 맞는 경험과 스킬을 가지고 있는 상담원을 실시간 매칭하기도 한다. 더불어, 고객의 현재 제품 사용 단계를 판단하고 추가적으로 필요할 것 같은 제품이나 서비스를 추천하는 마케팅의 역할로 범위를 넓히는 등 데이터와 디지털 기술을 통한 혁신을 지속하고 있다.

업무 영역이 아닌 산업으로 봐도 그 범위는 크게 확대된다. 심지어 스포츠에서도 고객 데이터의 활용은 필수적이다. 야구, 축구, 농구 등 최근 대부분의 프로 구단들은 고객이 구장에 얼마나 자주 방문하는지, 주로 구장의 어느 존(Zone)에 앉아 관람하는지, 구장에서 어떤 소비를 얼마나 하는지 등의 고객 데이터와, 구장 내 어떤 존에서 핫도그나 맥주가 가장 잘 팔리는지 등의 운영 데이터를 함께 분석한다. 이를 바탕으로 고객 맞춤형 입장권이나 구단 관련 상품을 추천하기도 하고, 구장 내 특정 존에 이동식 핫도그, 맥주 판매원을 추가 배치하는 등 고객의 경험 제고를 통해 매출 실적을 높이는 활동을 고도화하고 있다.

고객 경험과 비즈니스의 동반 성장을 만들어내는 방법

데이터를 실제로 대고객 업무에 적용하여 실질적인 성과를 내고 있는 기업들은 하루아침에 그렇게 된 것이 아니다. 데이터 활용에 관심이 매우 크다 보니 자신들도 모르게 오랫동안의 [아이디어 발굴 → 아이디어 실행 → 지속적 고도화 → 타 영역으로의 확대 적용]의 선순환 과정을 거치며 실제 매력적면서도 효과적인 사례를 만들어내고 있는 것이다.

많은 사례와 연구 결과, 필자의 경험을 보태 선순환 과정을 좀 더 구체화하여 기업들이 활용할 수 있는 방법론으로 정의한 것이 '성장 관리 프레임워크(Growth Management Framework)'이다. 데이터를 기반으로 고객 경험 및 관련 업무에 대해 풀어야 할 문제를 정의하고, 이에 대한 해결 시나리오를 설계하여 A/B테스트를 기반으로 지속 실행함으로써 최적의 해결안을 적용하는 것이 이 방법론의 핵심이다.

| 성장 관리 프레임워크(Growth Management Framework) |

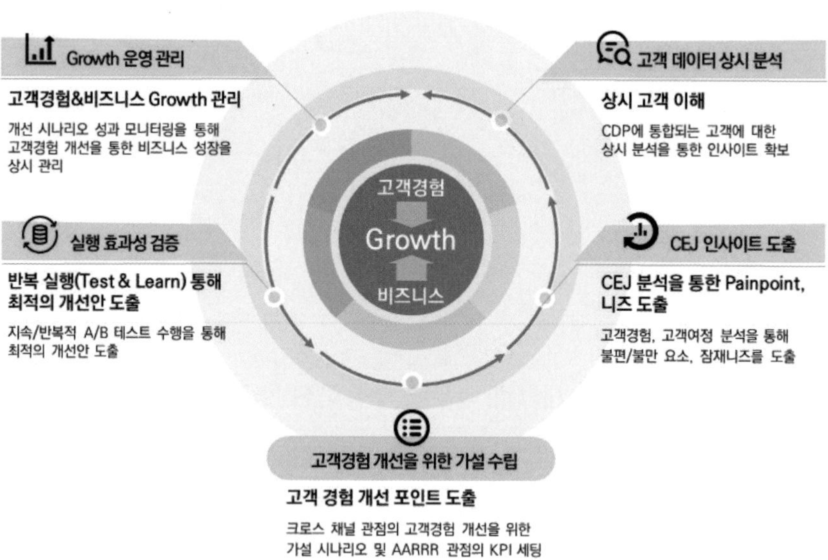

방법론대로 실행이 되면 궁극적으로 고객 경험을 개선할 수 있으며, 이는 비즈니스 성과로 자연스럽게 연결되면서 고객 경험과 비즈니스의 동반 성장을 기대할 수 있게 된다. 이 과정에서의 기본은 당연히 고객에 대한 상시적 이해 활동이다. CDP 개요를 설명할 때 이

미 SCV(Single Customer View)가 중요하다고 설명한 바 있다. SCV는 고객 개인별로 온오프라인 데이터가 모두 통합되어 고객을 360도로 이해할 수 있다는 것을 의미한다. SCV 체계를 만들어놓았다면 지속적으로 추가되는 고객의 온오프라인 활동을 통해 SCV가 업데이트되어 상시적으로 고객을 개인 단위로 이해할 수 있게 된다. 이렇게 되면 마케팅 등 업무 목적별로 활용해야 하는 타깃 고객을 개인 단위든 세그먼트(Segment) 단위든 바로바로 쉽게 구현해낼 수 있다.

고객을 넘어 '고객 경험 여정(Customer Experience Journey)' 관점에서의 인사이트 확보

그러면 고객 경험 여정(CEJ: Customer Experience Journey) 관점에서의 인사이트를 확보하려면 어떻게 접근해야 할까? CEJ는 최근 몇 년간 시장의 가장 핫한 키워드 중 하나이고, 이 책에서도 이미 많은 부분에서 사용되고 있다. 하지만 사실 CEJ를 데이터로 이해한다는 것은 대단히 복잡한 개념이다. CEJ를 이해하기 위해 먼저 그것을 바라보는 관점에 대해 알아보자.

◆ CEJ를 바라보는 관점 1, MACRO vs. MICRO

CEJ란 고객이 특정 브랜드의 제품이나 서비스를 인지하고 구매하고 사용하는 전 과정에서 다양한 터치포인트(Touchpoint: 고객이 브랜드를 경험하게 되는 순간을 의미. 작은 의미로는 소통 채널을 이야기하기도 함)를 통해 브랜드와 상호작용하는 경로를 말한다. 그런데 사람마다 하고 있는 업무나 겪어오던 경험의 영역에 따라서 CEJ를 하나의 디지털 채널 내에서의 여정으로 국한해 생각하기도 한다. 이것도 틀린 생각은 아니고, 이 디지털 채널 내에서의 여정은 전체 CEJ상에서 거치는 하나의 단위 경험 여정이라고 볼 수 있다. 제시된 그림처럼, 전체 경험 여정을 매크로(Macro) CEJ라고 본다면, 하나의 채널 내에서의 경험 여정은 마이크로(Micro)한 CEJ라고 정의할 수 있다.

| 고객 경험 여정의 Macro와 Micro 관점 |

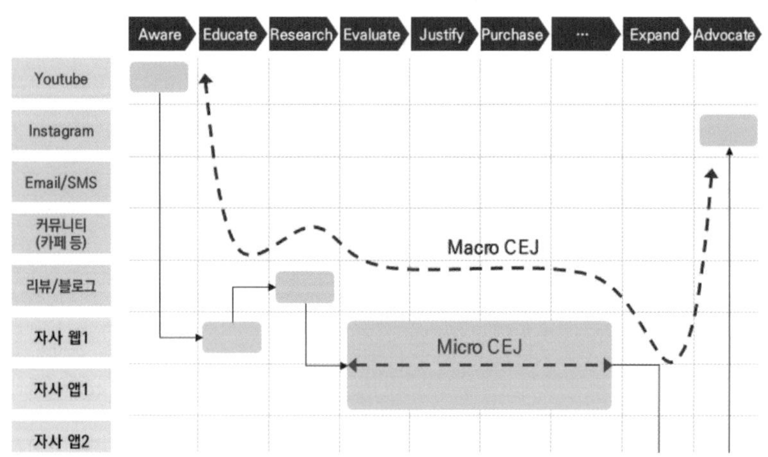

◆ CEJ를 바라보는 관점 2, EXPERIENCE vs. JOURNEY

매크로와 마이크로의 관점 외에도 많은 사람이 생각의 기준이 다르거나 간과하고 있는 것이 있다. 고객 경험 여정이라는 것은 사실 합성어다. 고객이 느끼거나 원하는 감정인 '고객 경험'과 고객이 브랜드와 상호작용하는 과정, 단계를 뜻하는 '고객 여정'이 합쳐진 키워드이다. '고객 경험'은 흔히 'CX'라는 표현으로 쓰는 말이다. 고객이 브랜드에 느끼는 감정 상태를 이야기하기 때문에 고객 경험은 고객을 상대로 직접적인 조사를 통한 데이터(Zero Party Data)를 분석해야 하는 영역이라고 볼 수 있다.*

'고객 여정'은 마케팅을 판매 자체에 집중했던 예전에는 구매 여정이라고도 많이 불렸다. 그런데 최근에는 고객에게 제공하는 경험과 팬덤 확보 등의 중요성이 강조되면서 구매 여정이라는 단어는 거의 쓰지 않고 있다. 어찌 되었건 고객 여정이라는 것은 고객이 브랜드와의 소통에서 어떤 과정을 거치는지, 현재 어떤 단계에 있는지에 대한 것이기 때문에 구매이력, 온라인 행동 데이터 등으로 분석이 가능한 영역이다.

* 구매이력이나 디지털 채널에서의 행동 데이터로 가볍게 추측은 해볼 수 있긴 하다. 예를 들면, 자사 제품을 한 번 산 고객이 해당 제품군이든 연관 제품이든 다시 구매를 하지 않을 때나, 또는 웹사이트 방문이 점차 뜸해지고 머무르는 시간도 적어질 때 '해당 고객이 어떠한 불편함을 느끼고 있다'라고 판단할 수 있는 것을 말한다.

| CEJ의 고객 경험(Customer Experience)과 고객 여정(Customer Journey) 관점 |

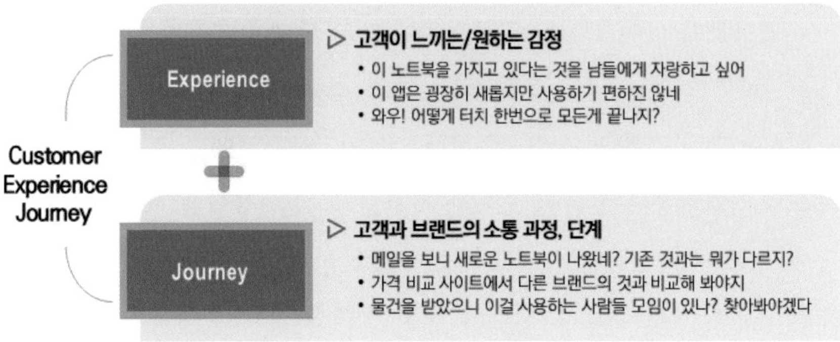
Customer Experience Journey
Experience
고객이 느끼는/원하는 감정
• 이 노트북을 가지고 있다는 것을 남들에게 자랑하고 싶어
• 이 앱은 굉장히 새롭지만 사용하기 편하진 않네
• 와우! 어떻게 터치 한번으로 모든게 끝나지?
Journey
고객과 브랜드의 소통 과정, 단계
• 메일을 보니 새로운 노트북이 나왔네? 기존 것과는 뭐가 다르지?
• 가격 비교 사이트에서 다른 브랜드의 것과 비교해 봐야지
• 물건을 받았으니 이걸 사용하는 사람들 모임이 있나? 찾아봐야겠다

◆ CEJ 분석의 틀

CEJ를 왜 분석해야 할까? 고객은 누구이고, 어떤 성향과 생활 패턴을 갖고 있으며, 우리 브랜드에 어느 정도의 로열티가 있는지 등의 기본 데이터 분석은 당연히 해야 하는 것으로 인식한다. CEJ 분석은 이것을 포함하여, 고객이 우리 브랜드에 어떤 긍부정 경험을 갖는지, 경험 여정상 어디에 와 있는지를 분석하는 것이다. CEJ 분석을 통해 브랜드 입장에서는 타깃한 고객이 기본적으로 어떤 제품이나 서비스를 원하는지, 그것을 왜 원하는지(타사의 제품이나 서비스보다 어떤 면이 좋아서인지, 본인용인지 자녀 또는 부모 선물용인지 등의 Why를 파악), 바로 강력한 혜택 기반의 오퍼를 던지면 되는지, 아니면 자사 채널로 유입을 유도

할 건지 등에 대한 좀 더 명확한 인사이트를 얻을 수 있다.

마이크로 CEJ에 대해서는 GA(Google Analytics), Adobe Analytics, Amplitude, Mixpanel 등 분석 툴이 굉장히 잘 갖춰져 있기 때문에 이를 통해 고객이 어디서 유입되는지, 어떤 페이지에 얼마만큼 머무는지 등 여러 분석이 가능하다. 디지털 채널을 가지고 있는 기업이라면 정도의 차이는 있겠지만 대부분 이에 대한 분석을 실행하고 있는 영역이다. 그러나 매크로 CEJ는 여전히 완벽하게 분석해내기는 쉽지 않은 영역이다. 고객이 온라인과 오프라인을, 그리고 자사 디지털 채널과 외부 디지털 채널을 왔다 갔다 하며 여정을 만들어내고 있고, 이로 인해 여정상 데이터 연결에 분절이 일어날 수밖에 없기 때문이다. 그럼에도 불구하고 CEJ 인사이트의 가치를 깨닫고 있는 많은 기업은 이를 분석해내기 위한 방법론을 만들고, 데이터 구조를 만드는 데 심혈을 기울이고 있다.

고객 경험 개선을 위한 유스케이스(Usecase) 시나리오 디자인

데이터 분석의 결과로 고객과 고객 경험에 대한 인사이트를 얻었다면, 이제는 어떻게 고객들에게 긍정적 경험을 제공할지, 마케팅이든 고객 서비스든 나의 업무를 어떻게 고도화해야 그러한 경험 제공이 가능할지를 도출해내야 한다.

우선 전반적으로 '고객 경험 관점에서 무엇을 풀어낼 것인가'의 측면에서 문제를 정의해야 한다. 예를 들어, 자사 온라인 쇼핑몰로의 방문 고객 수(DAU: Daily Active User)가 줄어들고, PDP(Product Detail Page: 상품 상세 페이지)에서 이탈률이 높아지며 구매전환율도 떨어지고 있는 상황에서 조사를 진행해봤더니 혜택과 캠페인이 크게 와닿지 않는다는 평이 있다고 해보자. 이를 해결하기 위한 상위 레벨에서의 문제를 정의하면 '고객 개인화 맞춤형 커뮤니케이션을 통한 자사 온라인 쇼핑몰 활성화' 정도가 될 수 있을 것이다.

문제가 정의되었다면, 다음 단계는 이를 어떻게 해결할 것인지 아이디어를 모을 차례다. 이 과정에서는 흔히 언급되는 디자인 씽킹(Design Thinking)과 같은 방법론을 활용한다. 관련된 각 영역에서 참여자를 모으고, 다른 사람 눈치 보지 않고 각자의 아이디어를 편하게 이야기하며, 서로의 아이디어에 대한 깊이 있는 토의를 통해 실행 가능성이 있는 시나리오를 만들게 된다. 시나리오를 만들 때, 내부 임직원들의 경험을 기반으로 진행하는 것은 물론, 다각적 인사이트를 반영하기 위해서는 반드시 시장/기술 트렌드를 조사하고 선진사에 대한 벤치마킹을 수행해야 한다.

도출된 시나리오들은, 예를 들면 검색 키워드 분석 기반 최적의 오퍼 제공, 오프라인 가망 고객의 온라인 구매전환 유도, 위치정보 기반 매장 방문 오퍼 등 중복이 제거되지 않은 상태로 넓은 의미의 후보군인 롱 리스트(Long-list)가 된다. 사실 시나리오 하나하나가 중복이 완전히 제거된 채 정리될 필요는 없다. 시나리오라고 하는 것은 몇 개의 이미지 또는 신(Scene)이 복합적으로 구성되기 때문에, 그 안에서의 단위 신이 다른 시나리오의 단위 신과 중복되는 것은 전혀 문제가 되지 않는다. 이렇게 도출한 롱 리스트는 다시 타당성(Feasibility), 사업 영향도(Biz. Impact) 등을 고려하여 단기적으로 실행해야 할 최종 후보군(Short-list)으로 간추린다. 최종 후보군은 실제 실행을 위해 필요한 데이터와 분석 모델, 필요 솔루션, 콘텐츠 제작, KPI, 조직 간 R & R, 일정 등에 대해 구체적인 계획을 수립하게 된다.

| 고객 경험 개선 시나리오의 가장 상위 레벨 예시 |

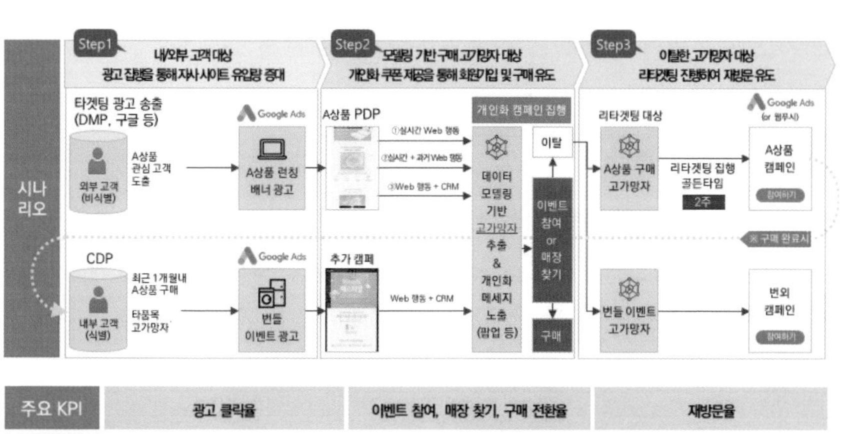

추진계획				
	담당 조직	XXXX	유스케이스 명	XXXX
	대상 상품	XXXX	일정	XXXX
	오퍼	XXXX	채널	XXXX

여기서 매우 중요한 포인트가 있다. 일반적으로 이러한 시나리오를 도출하거나 PoC(Proof of Concept)를 수행하는 프로젝트는 CMO나 사업조직이 직접 프로젝트 오너가 되어 시나리오의 도출과 실행을 챙긴다. 그러나 CDP 기술적 구현과 시나리오/전략 컨설팅이 연계되어 진행될 때는 CDO나 CIO가 프로젝트 오너일 때가 많고, 기능 구현과 데이터 및 IT 이슈 해결에 엄청나게 큰 노력이 들어가기 때문에 컨설팅 분야를 잘 챙기지 못할 때가 있다. 그렇게 되면 도출된 시나리오의 실행에 대해서는 오너십이 불명확해지고 덩그러니 문서만 남는 경우가 발생하거나, 누군가가 실행을 챙기기 시작할 때 관련 조직과의 협업에 대한 커뮤니케이션 코스트가 너무 많이 들거나, 심지어는 PoC 실행의 추가 예산 확보에 대한 의사결정을 다시 받아야 하는 등 여러 어려움에 봉착하게 된다. 이를 방지하기 위해서는 시나리오와 관련된 프로젝트 영역은 실제 활용 조직에서 공고한 오너십을 가져야 하는 것은 물론, 마케팅이나 고객 서비스, 상품 개발 등의 기본적 업무 플랜과 연계시키는 것을 전제로 모든 일을 진행하는 것이 매우 중요하다. 예를 들면, 마케팅 관련 시나리오는 CMO 조직의 IMC(Integrated Marketing Communication) 플랜과 사전에 연계되어 계획이 수립되어야 한다는 것이다.

지속반복적 A/B테스트를 통한 시나리오 최적화

A/B테스트란 어떠한 실험을 진행할 때, 두 가지 이상의 안을 실험군과 대조군으로 나누고 실험 결과를 서로 비교하며 최적안을 찾아나가는 과정을 말한다. 유스케이스 시나리오를 기획하고 실행할 때도 A/B테스트는 필수적이다. 하나의 시나리오를 처음 실행해서 성과를 분석해보면 사실 이것이 의미 있는 성과인지, 계속 이대로 하면 되는 수준인지 판단하기 어렵다. 분석 결과에 대한 비교 기준점이 명확하지 않기 때문이다. 시나리오를 실행할 때 A/B테스트를 수행하면 시나리오를 적용했을 때와 적용하지 않았을 때를 비교할 수 있고, 또한 하나의 시나리오 내에서도 타깃 고객군, 콘텐츠, 활용 채널, 시간대 등 거의 모든 관련 요소를 실험군과 대조군으로 나누어 비교 분석할 수 있다. 이를 통해 시나리오를 고도화할 수 있는 인사이트를 지속적으로 얻어 반영하게 되면 최적 시나리오를 찾아낼 수 있는 것이다.

A/B테스트를 이야기할 때 가장 먼저 회자되는 사례가 있다. 바로 미국의 오바마 전 대통령의 선거캠프 이야기다. 오바마 캠프는 다른 후보들과 마찬가지로 시민들에게 정보를 제공하고 후원금도 지원받을 수 있는 웹사이트를 운영했다. 차별화된 점은 여기서 어떻게 하면 시민들의 참여를 높일 수 있을까 하는 문제에 대해 A/B테스트를 접

목했다는 것이다.

시민들이 웹사이트에 방문하면 메인 화면 우측 하단에 빨간색의 버튼을 확인할 수 있는데, 이것을 클릭하고 몇 가지 절차를 밟으면 오바마 캠프의 뉴스레터를 받아볼 수 있는 기능이었다. 이 버튼의 문구는 기본적으로 'Sign up'으로 되어 있었는데, 너무 일반적인 문구라 사람들에게 전혀 소구되지 못할 것이라는 내부 판단이 있었다. 그래서 캠프는 좀 더 매력적인 문구로 시민들의 참여를 높이고자 했다. 그래서 'Learn More', 'Join Us Now' 등 뉘앙스가 조금 변화된 키워드로 버튼을 A/B테스트 했고, 결국 Learn More가 가장 구독률을 높이는 데 도움을 줄 수 있다는 것을 파악해 시민의 참여율을 높일 수 있었다.

| 오바마 대선 캠프 웹사이트 A/B테스트 |

출처: mailmunch

오바마 캠프는 웹사이트의 메인 이미지도 A/B테스트를 통해 최적화했다. 제시된 이미지와 같이 시민들과의 평등한 소통을 강조하는 'Get Involved', 미국의 긍정적인 혁신을 뜻하는 'Change', 그리고 가정의 화목함을 나타내는 'Family'의 3가지 이미지를 가지고 테스트를 한 결과, Family 이미지의 반응이 가장 좋았고, 이를 선거 기간 주로 활용하게 된다. 이외에도 후원금 펀딩 요청 이메일을 보낼 때 제목을 12개로 만들어 실험해보고 최적안을 찾는 등 A/B테스트를 적극 활용하여 성과를 극대화했다.

최근에는 좀 더 고도화된 A/B테스트를 수행한다. 먼저 고객과 고객 경험 여정에 대한 분석을 토대로 개인 또는 잘게 구분된 고객군이 어떤 내용에 소구될 것인지 예측하고, 해당 고객이나 고객군에 따라 특정 메시지나 이미지를 달리 노출하며 테스트를 지속하는 방식이다. 이렇듯 A/B테스트는 최근 활용 범위도 넓어지고 그 결괏값의 신뢰도도 크게 올라가고 있다.

그러나 고도화는 복잡성을 필수적으로 수반하고, 이는 곧 A/B테스트를 준비하고 수행하는 데 시간과 노력, 그리고 비용이 그만큼 더 든다는 것을 의미한다. 따라서 무조건 오래, 많이 테스트하는 것이 능사는 아니다. 테스트를 통해 최적안을 도출할 수 있는 여지가 아직 조금 남아 있지만, 비용 대비 비즈니스 성과 관점에서 더 이상의 테스트가 불필요할 수도 있다. 최소한의 자원으로 최소한의 시간을 들여 즉시 판단을 내리는 애자일(Agile)한 A/B테스트 사이클 문화를 정착시켜 불필요한 낭비를 최소화하는 것이 중요하다는 의미다.

KPI를 통한 고객 경험 및 비즈니스 성장 모니터링

앞서 유스케이스 시나리오를 실행하면서 지속적인 A/B테스트를 거치며 성과의 상향 평준화를 가져와야 한다고 강조했다. 그렇다면 성과는 어떻게 정의할까? 시나리오를 기획할 때 그 시나리오의 목적에 맞는 KPI(Key Performance Indicator, 핵심성과지표)를 세팅한다. 그런데 가령 KPI를 DAU(Daily Active User)라고 한다면 그 성과가 해당 시나리오의 실행에 의해서만 발생한 것인지 아니면 다른 외부 요인, 즉 다른 시나리오의 동시 실행이라든지, 계절적 요인이 반영되는 시기에 접어들었다든지, 혹은 고객이 좋아하는 제품을 론칭했다든지 하는 것과 맞물린 결과인지 판단하기란 결코 쉬운 일은 아니다. 개별 시나리오의 KPI와 전체 고객 경험과 비즈니스 관점에서의 KPI는 서로 연계될 수밖에 없고, 이에 대한 논리적인 설계, 그리고 실제 모니터링 체계의 수립은 중요하지만 쉽지 않은 과제이기도 하다.

유스케이스 시나리오별 KPI는 우리가 소위 '그로스 해킹(Growth Hacking)*'이라고 하는 마케팅 기법에서의 KPI 측정 프레임워크인

* 해킹(Hacking)은 대체로 '다른 사람의 컴퓨터에 침입해서 정보를 빼내거나, 파일을 망쳐버리는 등의 해킹 행위'를 의미하는 부정적인 단어로 알고 있지만, 본래는 '어떤 컴퓨터 문제를 효과적이고 창의적으로 해결하는 행위'를 뜻하기도 함. 여기서 파생된 용어인 라이프 핵(Life Hack)은 삶에서 부딪히는 여러가지 문제들을 해결하기 위한 창의적이고 집요한 해결책을 의미함. 그로스 해킹도 유사한 개념으로, 어떠한 스타트업이나 기업이 자체 디지털 채널 기반 비즈니스를 성장시키는 데 있어 한정된 예산하에서 모든 수단을 동원하여 창의적이고 효율적인 마케팅 방식을 지속적으로 적용하는 것을 말함

'AARRR'을 참고하여 세팅하는 것도 좋다. AARRR Framework는 미국의 스타트업 기획자로 유명한 '500 Startups'의 창립자 데이브 맥클루어(Dave McClure)가 다분히 웹이나 앱을 통한 B2C 비즈니스에 적용하기 위해 고안했다. 그런데 AARRR Framework는 굳이 웹/앱 서비스가 아니더라도 범용적으로 응용할 수 있는 체계다.

| AARRR Framework |

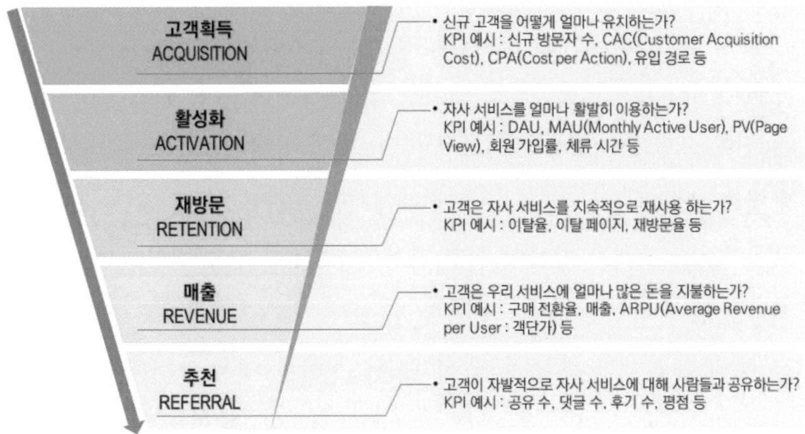

이 체계는 잠재고객을 자사 채널로 유입시키는 것부터 고객들이 얼마나 활발하게 채널을 이용하는지, 그래서 매출 관점에서의 성과로 어떻게 이어지는지, 마지막으로 자사 채널, 서비스나 제품에 만족하여 자발적으로 홍보 효과를 일으키는지 하는 것까지 모든 과정을 고려할 수 있어 매우 유용한 틀이라 할 수 있다.

◆ Acquisition
(고객 획득)

유스케이스 시나리오에는 자사가 원하는 채널로 고객을 유입시키는 신이 포함되어 있을 것이다. 이러한 활동 유형의 KPI를 수립하는 단계로 단순히 신규 방문자 수에 대해서만 고려하기도 하지만, 좀 더 나아가서는 고객이 자사의 어떤 소통(캠페인, 광고 등)에 반응하여 어떤 채널을 통해 유입했는지도 측정할 수 있는 지표를 갖추기도 한다. 이를 통해 채널별 고객 소통의 성과도 측정하는 것을 고려해야 한다. 그래야만 마케팅 믹스 등 다른 영역에도 적용할 수 있는 좀 더 가치 있는 지표로 사용될 수 있다.

◆ Activation
(활성화)

Activation 단계에서는 Acquisition 활동을 통해 유입시킨 고객들이 자사 채널에서 얼마나 활발하게 서비스를 이용하고 제품을 검토하는지에 대한 KPI를 수립한다. 기본적으로 고객들이 많이 방문하는지, 자사가 제공하는 여러 정보를 잘 탐색하는지, 일정 시간 이상 잘 머무르는지 등에 대해 측정할 수 있는 지표를 활용한다. 여기에 시나리오가 따라줘야 하지만, 특정 고객들을 자사의 직접 고객으로 만들 수 있고 1st party 데이터 추가 확보가 가능하다는 측면에서 고객들의 회원 가입률도 KPI로 활용할 수 있다.

◆ Retention
(고객 유지, 재방문)

Retention은 나갔던 고객들이 다시 방문하여 자사와 지속해서 상호작용하는 정도를 측정하는 지표를 수립하는 영역이다. 따라서 재방문율, 이탈률, 이탈 페이지, 해지율 등을 KPI로 삼는 경우가 많다. 여기에서 중요한 것은 고객과의 관계나 고객 만족의 정도를 측정한다는 관점에서, 단순히 정량적인 숫자만을 관리하는 것보다는 이탈을 한다면 '왜 이탈하는지'에 대한 정성적인 분석이 동반되어야 한다는 점이다. 그래야만 근거를 기반으로 무엇을 어떻게 개선해야 하는지에 대한 보다 정교한 유스케이스 시나리오를 수립할 수 있다.

◆ **Revenue**
(수익화, 매출)

Revenue 단계는 개별 시나리오가 실행되면서 실제 성과로 연결되는지에 대한 지표를 수립하여 관리하는 영역이다. 직접적으로 발생한 매출과 수익은 얼마인지, 고객별 매출은 얼마인지, 그래서 어떤 고객이 매출에 큰 영향을 미치고 있는지, 나아가 한 명의 고객이 전체 생애주기상 얼마만큼의 매출과 성과를 가져다주는지 등 다양한 KPI를 수립할 수 있다.

◆ **Referral**
(추천)

마지막으로 Referral 단계에서는 기존 고객이 자사가 제공하는 어떤 것에 만족하여 자발적으로 새로운 고객을 유치시키는 활동의 수준을 측정한다. 고객들은 어떠한 서비스나 제품을 사용하면서 가까운 지인뿐만 아니라 불특정 다수에게 자신의 경험을 전파하고 있다. 그러한 활동들은 댓글, 후기, 평점, 그리고 친구 추천 등을 통해 일어나고 있으며, 기업은 이를 KPI로 관리하면서 지속 성장을 위한 개선 방향성을 잡아나가야 한다.

앞서 도출된 유스케이스 시나리오는 하나하나가 그 세부적인 목적과 특성, 실행 과정이 다를 수밖에 없다. 어떤 시나리오는 구매전환을, 또 어떤 시나리오는 오프라인 매장 방문을, 또 다른 것은 회원 가입을 그 목적으로 할 수 있기 때문이다. 따라서 범용성을 갖는 AARRR Framework는 모든 시나리오에 참고할 수는 있지만, 천편일률적인 방식으로 적용할 수는 없을 것이다. 시나리오별로 결과 지표를 선정하고, 지표 간의 선후행 관계를 따져 지표 로직을 세우는 것이 필요하다.

개별 시나리오가 아닌 기업 전체의 관점으로 보면, 지표 체계라는 것은 좀 더 복잡화, 입체화된다. 비즈니스 성과 측면에서 기업의 가장 명확하고 심플한 KPI인 총 매출을 가장 상단에 두고 모든 것을 과정 지표로 관리할 수도 있다. 고객 경험 관점에서 보면 기업에의 고객 충성도를 나타내는 NPS(Net Promoter Score: 순수 고객 추천 지수), 고객의 생애주기(Customer Life Cycle: 고객과 기업이 상호작용하기 시작할 때부터 끝날 때까지의 전 과정) 동안 총 얼마만큼의 매출과 이익을 가져왔는가를 따지는 LTV(Lifetime Value) 등을 가장 상위 KPI로 활용할 수 있다. 이러한 기업 전체 관점과 고객 경험 전체 관점에서의 KPI, 그리고 개별 시나리오의 AARRR 지표들과의 상관관계는 당연히 존재할 것이고, 이 때문에 KPI Set는 입체성을 가지면서 복잡해질 수밖에 없다.

KPI Set를 처음부터 완벽히 갖추고, 이를 모니터링하면서 발견되는 인사이트를 다시 고객 경험 개선을 위한 시나리오의 인풋(Input)으로 활용할 수 있다면 가장 좋겠지만 쉽지 않은 이야기이다. 또 초반 KPI 설계 자체에 매몰되어 실행을 등한시하거나 미루게 되면 실행 동력을 잃을 수도 있다. 그래서 개별 시나리오의 KPI에 일단 집중해 빠르게 실행하면서, 전체 KPI Set를 지속해서 정교화하는 전략이 보다 바람직하다고 할 수 있다.

데이터에서 의미와 전략을 빼내다, 데이터 리터러시(Data Literacy)

"구슬이 서 말이라도 꿰어야 보배"라는 속담이 있다. '아무리 훌륭하고 좋은 것이라도 다듬고 정리하여 쓸모 있게 만들어 놓아야 가치가 있다'라는 뜻을 가지고 있다. 2010년대 이후 빅데이터 라는 용어가 한창 유행한 후부터 업계 관계자들은 이 속담을 주야장천 입에 담아왔다. 데이터가 급증하고, 데이터를 처리, 분석할 수 있는 기술도 지속 개선되면서 데이터는 분명히 '구슬'로써 활용되어야 하는데 생각보다 그 비즈니스 효용을 검증하기가 쉽지 않았던 것이다.

데이터는 어떠한 문제를 풀어내기 위한 핵심적 자원이자 도구이지, 그 자체로서 문제에 대한 해결책이 될 수는 없다. 요즘 대부분의 기업들은 디지털 트랜스포메이션의 일환으로 데이터의 활용을 전사의 전략 과제로 삼아 각 조직들에 성과를 요구하고 있다. 이 과정에서 이를 수행해야 하는 조직에서는 데이터 활용에 대한 목적, 그러니까 어떠한 비즈니스 문제를 푸는 데 데이터를 어떻게 활용해야 하는지에 대해 생각의 발전을 하지 못하는 경우가 많다. 그러다 보니 일단 뭐라도 해야한다는 차원에서 찾아지는 데이터를 모아 놓고, 이런저런 분석을 통해 여러가지 차트나 그래프로 만든 다음 이제야 거기서 어떠한 인사이트가 있는지 검토를 시작하기도 한다. 이러한 어프로치로는 실제 비즈니스에 활용할 수 있거나 의사결정에 도움을 주는 인사이트를 얻기가 사실상 힘들거나 효과 대비 들어가는 노력이 너무 많을 수 있다.

그래서 나온 개념이 '데이터 리터러시'(Data Literacy: 'Data'와 'Literacy'의 합성어로 아주 간략히 요약하면 데이터를 읽고 이해하고 분석하며 비판적으로 수용 및 활용할 수 있는 능력을 말함)다. 많은 전문기관과 전문가들이 최근 이 데이터 리터러시를 기업 생존을 위한 역량의 한 축이라고 말하고 있다.

맥킨지(Mckinsey)

"가장 큰 잠재적 가치가 있는 정보를 식별하여 추출하고, 분석하고, 그 결과에 대해 명확하게 전달할 수 있는 전문가, 즉 '(데이터) 번역가'가 필요하다."

(Organizations need specialists, or 'translators,' who can analyze, distill, and clearly communicate information of the greatest potential value)

할 베리안, 구글 수석 이코노미스트(Hal Varian, Google Chief Economist)

"데이터를 이해하고, 처리하고, 데이터에서 가치를 추출하고, 그것을 시각적으로 표현하며, 그 결과에 대해 소통할 수 있는 능력이 앞으로 10년 간 극도로 중요한 스킬이 될 것이다."

(The ability to take data—to be able to understand it, to process it, to extract value from it, to visualize it, to communicate it — that's going to be a hugely important skill in the next decades)

가트너(Gartner)

가트너가 데이터 활용의 장애물에 대해 주요 기업의 CDO를 대상으로 수행한 설문조사에 따르면, 데이터 리터러시의 부족함이 두 번째로 큰 장애물이라고 하였다. 그러면서 데이터 및 분석 리더는 데이터를 제2의 언어로, 데이터 활용 능력을 디지털 혁신의 핵심 요소로 취급하는 방법을 배워야 한다고도 하였다.

| 데이터 발전을 가로막는 내부 장애물 조사 |

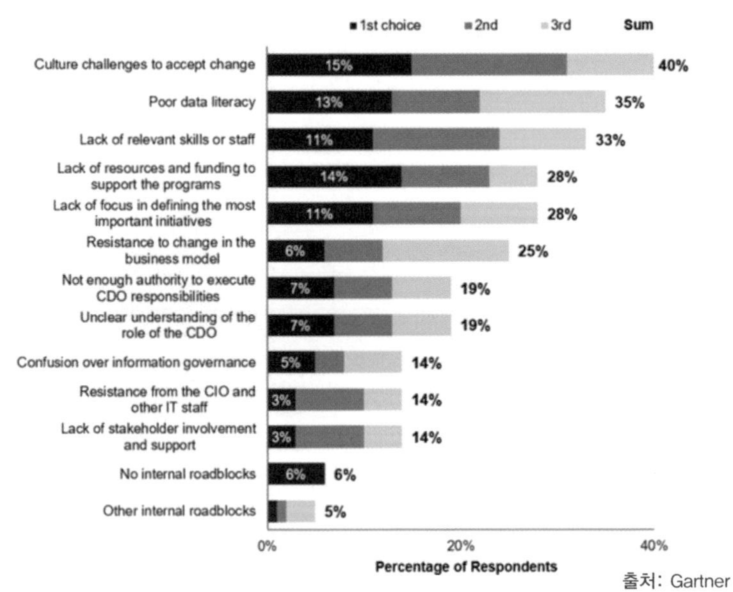

출처: Gartner

우리는 어떠한 업무를 수행할 때 사실 나도 모르게 많은 데이터를 활용한다. 그렇지만 데이터를 보고 오류나 편향 없이 정확한 현상을 볼 수 있느냐, 그 현상에 기반하여 향후의 전략적 의미를 도출하고 있느냐 하는 질문에는 그다지 자신 있게 답하지 못한다. 통계 등 데이터와 관련된 학습에 관심이 많았던 분들에게는 친숙한 이론인 '심슨의 역설'(Simpson's paradox)이라는 것이 있다. 숫자에 대한 확률과 통계를 논할 때, 각 부분(데이터 그룹)에서는 어떠한 추세가 나타나지만, 그 부분들이 전체로 합쳐질 때는 그 추세가 반전되는 현상을 말한다. 좀 더 단순히 이야기하면, 각 부분에 대한 평균이 크다고 해서 전체에 대한 평균이 반드시 크지는 않다는 것이다.

◆ 심슨의 역설: 각 부분에서의 확률과 전체의 확률은 다를 수 있다

심슨의 역설을 이야기할 때 가장 유명한 실사례가 있다. 1973년 미국의 명문대인 UC버클리(University of California, Berkeley)가 입학 사정에서 여성보다 남성 지원자들에게 유리한 결정을 하였다며 고소를 당한 일이 있었다. 실수치를 산업공학과와 경제학과 지원 현황으로 조금 각색하여 아래와 같은 표를 만들어보았다.

[전체 지원 및 결과]

합계	지원자	합격자	합격률
남학생	1,000	695	69.5%
여학생	1,000	278	27.8%

전체 지원자가 남학생 1천 명, 여학생 1천 명이었다고 가정했을 때, 남학생이 695명 합격에 합격률은 약 70%에 달하는 반면, 여학생 합격자는 278명에 합격률은 28% 수준이다. 이 수치만 놓고 본다면 이러한 고소가 합당할 수 있겠다는 생각이 들지만, 다음과 같이 각 학과별 수치를 보면 이야기가 달라진다.

[산업공학과 지원 및 결과]

산업공학과	지원자	합격자	합격률
남학생	860	680	79.1%
여학생	210	180	85.7%

[경제학과 지원 및 결과]

경제학과	지원자	합격자	합격률
남학생	140	15	10.7%
여학생	790	98	12.4%

각 학과별로 보면, 합격률은 전체를 볼 때와는 다르게 둘 다 여학생이 높다는 것을 알 수 있다. 산업공학과는 여학생 합격률이 약 85.7%로 남학생 합격률에 비해 6.6%p 수준 높고 경제학과의 경우는 그 차이가 1.7%p다. 각 학과별로 여학생이 남학생보다 높은 합격률을 보였기 때문에 전체로 따져도 여학생이 남학생보다 합격률이 높을 것이라고 생각하기 쉽지만, 중요한 변수가 무시되어 그 논리가 적용될 수 없다. 어떠한 변수가 고려되었어야 하는지 예시를 다시 한번 보면, 산업공학과의 총 합격률보다 경제학과의 총 합격률이 낮았고, 남학생 지원자와 여학생 지원자의 성비가 크게 달랐다. 2개 학과 모두 여학생의 합격률이 높았지만, 여학생의 경우 합격률이 훨씬 낮은(합격이 훨씬 어려운) 경제학과에 지원이 집중되었기 때문에 전체를 보았을 때는 여학생의 합격률이 낮았던 것이다.

이러한 심슨의 역설은 우리가 하는 업무에도 사실 많이 반영되고 있다. 예를 들어, 캠페인 A와 B가 있었을 때 타겟 고객군 (가)와 (나)의 전환율을 해석하고, 캠페인 A와 B 중 어느 캠페인이 더 효과가 있었는지를 따질 때 위에서 설명한 논리와 거의 유사한 심슨의 역설 법칙을 고려할 필요가 있다.

◆ 생존 편향의 법칙: 살아남은 정보만으로는 현상을 정확히 파악할 수 없다

심슨의 역설과 함께 데이터 해석 관점의 오류 법칙으로 유명한 것이 또 있다. 바로 '생존 편향의 오류'(Survivorship Bias)이다. 데이터를 통해 어떤 문제를 진단할 때, 특정된 일부 데이터만으로 판단하여 잘못된 결론을 얻게 되는 편향 또는 오류를 말한다. 다시 실사례로 설명해 보도록 하자. 지난 2차 세계대전 중 미군은 전투를 마치고 돌아온 전투기의 총탄 자국을 분석하여 향후 전투기의 생존율을 높이기 위해 전투기의 어디를 철갑으로 보강할지 논의하였다. 1차적으로는 당연히 많은 총탄 자국이 있는 부분을 집중적으로 보강해야 한다고 결론이 났으나, 통계학자였던 에이브러햄 왈드(Abraham Wald) 교수는 이 결론은 살아 돌아온 전투기만을 대상으로 했기 때문에 큰 오류가 존재한다고 반박하면서, 오히려 총탄 자국이 없는 부분을 집중 보강해야 한다고 주장하였다. 총탄 자국이 없는 부분에 총탄을 맞은 전투기들은 결국 살아 돌아오지 못했기 때문에 그 부분에서의 총탄 자국 데이터를 확보하지 못한 것일 뿐이라는 핵심 가설이 주장의 근거였다. 이 주장대로 전투기의 보강이 실행되었고, 그 결과 미군 전투기의 생존율이 크게 개선되었다고 한다.

| 생존 편향의 오류: 미군 전투기 총탄 자국과 보강 위치 |

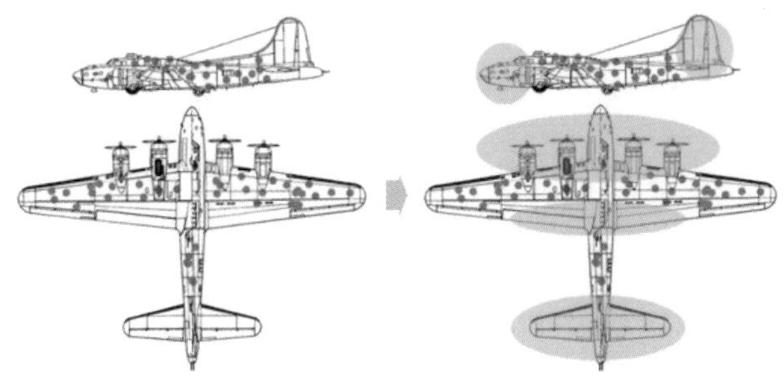

출처: technewsiit

앞에서 제시하였던 여러 기관들의 메시지나 구체적인 데이터 해석 오류의 사례들을 보면, 데이터 리터러시는 디지털 전환 시대를 살아가는 기업에게는 놓쳐서는 안 될 역량임이 분명하다. HBR(Harvard Business Review)에서는 데이터 리터러시를 위해 조직에 필요한 역량을 다음과 같이 6개 항목으로 분류하고 있다.

1) **좋은 질문을 할 수 있는지**(Ask the right questions)

2) **어떠한 데이터가 필요한지, 그 데이터의 유효성을 검증할 수 있는지**(Understand which data is relevant and how to test the validity of the data they have)

3) **데이터를 잘 해석하고, 그 결과를 의미 있게 쓸 수 있는지**
(Interpret the data well, so the results are useful and meaningful)

4) **AB테스트를 활용하여 가설을 테스트하고 결과를 도출할 수 있는지**(Test hypotheses using A/B tests to see what results pan out)

5) **데이터를 쉽게 시각화하여 경영진이나 리더들도 그 결과를 이해할 수 있는지**(Create easy-to-understand visualizations so leaders understand the results)

6) **의사결정자들이 빅 피처를 보고 분석 결과에 따라 행동할 수 있도록 스토리텔링을 할 수 있는지**(Tell a story to help decision-makers see the big picture and act on the results of analysis)

데이터에 대한 무언가의 작업을 하기 전에, 고객이나 비즈니스에 어떠한 페인포인트가 있는지, 이를 해결하기 위해 데이터를 통해 어떤 것을 알고 싶은지에 대해 먼저 차분히 질문하고 이에 대한 가설적 결과를 그려보는 것이 데이터 작업의 시작처럼 보인다. 그리고 나서, 어떤 데이터가 필요한지, 어떤 분석을 실행할지, 분석 결과에 대한 시각적 표현은 어떻게 할지 등을 고민하고 수행해 나가며, 이에 대한 결과값이 고객과 비즈니스에 어떠한 의미를 갖는지에 대해 이해 관계자들의 눈높이에 맞춰 소통하는 것이 데이터 리터러시의 본질이라고 볼 수 있다.

DIGITAL TRANSFORMATION

성공적인 CDP 구현을 위한 핵심 전략

CDP 기획의 핵심 요소

디지털 전환의 걸림돌, '데이터 사일로'의 해결

2021년 포레스터 컨설팅(Forrester Consulting)의 조사 보고서에 따르면, 전 세계 주요 기업들을 괴롭히는 데이터 관련 문제로 조사 대상 기업 60%가 데이터 사일로(각 조직이나 업무 단위로 데이터 관련 시스템을 구축/운영하면서 각 부서와 시스템에 데이터가 고립되어 통합 관점의 활용을 막고, 조직 간 의사소통 문제가 반복되거나, 심지어 유사 시스템을 중복으로 구축하는 등의 비효율이 발생하는 현상)이슈를 가지고 있다고 한다. 디지털 혁신을 위해 수집하는 데이터의 양이 늘어남에 따라, 의사결정권자가 관리하고 인사이트를 얻어내야 하는 데이터도 급격히 증가하고 있고 있는 데에서 비롯된 문제다.

기업들은 비즈니스 의사결정을 하기 위해서는 데이터를 실현 가능한 인사이트로 바꿀 수 있어야 한다. 그러나 많은 기업이 늘어나는 데이터를 처리하고, 가치를 창출하는 데에 어려움을 겪고 있다. 실제로 데이터 전략 의사결정권자의 47%는 수집해서 분석한 데이터 인사이트의 품질이 3년 전과 비교해 더 낮아졌다고 답했다.

가장 많이 늘어나는 데이터의 유형에는 비디오, 이미지, 텍스트, 음성, 소셜 미디어와 같은 비정형 데이터와 비즈니스 애플리케이션 데이터, 센서 데이터 등이 있다. 데이터의 무게 중심이 데이터 웨어하우스, 분석 데이터베이스에서 벗어나 데이터 스트림과 엣지로 이루어진 네트워크 생태계로 움직이고 있다.

이처럼 다양한 데이터의 유형이 생겨나고, 그 양이 증가함에 따라 조사 대상 기업 중 49%는 개별적인 데이터 레이크가 계속해서 늘어나고 있다고 답했다. 데이터를 통합적으로 관리하지 못하고 수요가 발생할 때마다 개별적인 데이터 레이크를 구현한다는 것이다. 통합되지 않은 데이터 레이크가 너무 많아 데이터를 제대로 활용하기 어렵게 되면, 결국 데이터 사일로 현상을 발생시키게 된다. 기업에서 옴니채널 경험을 구성하여 고객에게 마케팅을 하려고 하는데, 온라인 채널의 데이터와 오프라인 채널의 데이터가 하나로 통합되어 있지 않고 개별적인 데이터 레이크로 구성되어 있다면 옴니채널 경험을 구성하는 데 많은 어려움을 겪을 수밖에 없다. 온라인, 오프라인 채널의 데이터를 개별적으로 분석하여 마케팅을 실행하게 되면 부적절한 마케팅 메시지를 부적절한 시기에 보내게 될 수도 있다.

가령 오프라인 매장에서 청소기를 구매하고, 그날 저녁에 온라인 사이트에서 액세서리인 청소기용 물걸레를 이미 구입한 고객에게 그 다음 날 액세서리 구매 할인권을 마케팅 메시지로 보내게 되면, 고객은 제때에 할인권을 보내주지 않은 기업에게 실망하게 되고, 신뢰관계를 형성하기 어려울 것이다.

이런 사일로 현상은 기업이 데이터 증가에 대한 대비를 어렵게 만드는 장벽으로 인식되고 있다. CDP를 구현하고자 할 때, 또 다른 데이터 사일로를 만들지 않기 위해 여러 사항을 고려해야 한다. 데이터 사일로의 고민에 대한 해결안을 제시해주는 것이 CDP 레퍼런스 아키텍처이다. CDP 레퍼런스 아키텍처란 다양한 산업에서의 실제 구현한 경험을 바탕으로, 기업별 최적의 조합을 만들 수 있게 해주는 모델이다. 기업은 CDP 레퍼런스 아키텍처를 통해 적절한 구현모델의 후보를 찾아내고, 최적화된 구현모델을 선택할 수 있다.

CDP 레퍼런스 아키텍처는 데이터 기반의 개인화된 고객 경험을 쉽게 만들어 마케팅에 활용할 수 있는 기능을 구현할 수 있는 토대가 될 수 있다. 이런 기능과 더불어 신뢰할 수 있는 데이터를 제공하고 개인정보를 안전하게 보호하여 각종 규제에 대응할 방안을 제시한다.

| CDP Reference Architecture |

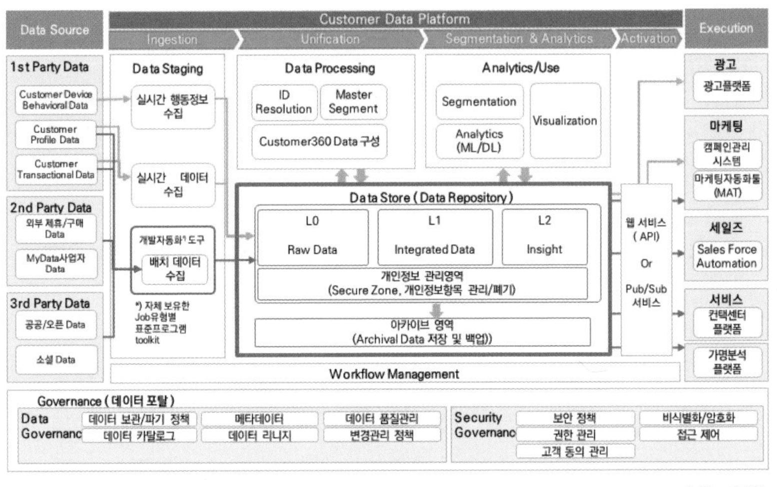

CDP의 기능은 데이터 수집, 프로파일 통합(Unification), Segmentation 및 분석, Activation으로 분류할 수 있다. 데이터 수집은 원천 시스템에서 CDP 데이터 저장소로 가져오는 기능이다. 데이터 저장소는 데이터 레이크 또는 데이터 웨어하우스와 동일한 데이터 저장 기술을 기반으로 구축되지만, 즉시 활용될 수 있도록 구현되어야 한다. 프로파일 통합은 ID Resolution 기능을 사용하여 하나의 고객 프로파일을 만들게 된다. 다양한 원천 시스템의 개별 고객을 CRM 시스템의 고객번호나 웹사이트 쿠키 ID 등을 연결하여 하나의 고객으로 생성한다. Segmentation 및 분석 기능은 마케팅 담당자가 유사한 속성을 가진 고객 그룹을 빠르게 식별할 수 있도록 하는 고객 분석

기능이다. 예를 들어, 20대 서울 거주자의 고객 프로파일에서 마케팅 담당자는 압구정동에 거주하고, 3개월 이내 AS를 받은 이력이 있는 고객 세그먼트를 생성할 수 있다. Activation은 생성된 고객 세그먼트를 이용하여 SMS, 이메일, 웹 페이지에 개인화된 화면 등을 이용하여 마케팅을 실행하는 기능이다.

결국 CDP를 통해 고객 행동 데이터가 통합되기 시작한다. 채널별 다른 고객 정보를 하나의 고객으로 통합하고, 기계학습을 이용한 여러 분석 모델을 활용하여 고객 경험을 개선할 수 있다. 데이터 사일로가 사라진 통합된 고객 데이터 환경은 새로운 인사이트에 기반한 마케팅 전략을 수행할 수 있게 지원한다. CDP 레퍼런스 아키텍처에서는 통합된 데이터 환경 구성을 위해 필요한 거버넌스 기능을 포함한다.

'실시간'의 중요성

디지털 시대에서는 실시간 마케팅이 중요하다. 고객 데이터를 실시간으로 분석해 개별 고객의 특성과 니즈를 보다 잘 이해하고, 언제 어디서나 고객의 경험 여정과 함께하는 실시간 마케팅(Real-time Marketing)을 구현해야 한다. 실시간 마케팅이라고 해서, 모든 데이터를 실시간으로 구현할 필요는 없다. 먼저 활용 시나리오를 식별하여 실시간 기능이 필요한 데이터를 정의해야 한다. 또한 실시간 구현 시 중요 고려사항은 데이터 품질이다. 정확한 고객 프로파일을 만들려면 정확하고 깨끗한 고객 데이터가 있어야 한다. 중복 레코드 또는 일관성 없는 형식과 같은 데이터 품질 문제는 데이터 통합 단계에서 해결되어야 한다.

웹사이트 또는 모바일 앱의 고객 행동 데이터는 실시간으로 수집하고 실시간으로 활용한다. 간단한 예를 들면, 충성도가 높은 고객이 매장에서 고가의 제품(공기청정기)을 구매하면 액세서리 제품과 같은 보조 제품(필터 등)을 웹사이트에서 할인된 가격으로 구매할 수 있는 마케팅을 적용하는 경우다. 이를 위해서는 제품 구매 시 고객에게 프로모션 코드를 문자로 실시간으로 보내야 한다. 구매 이벤트와 웹사이트 가입 이벤트가 실시간 시나리오의 일부가 되기 때문에, 이 데이터도 실시간으로 수집하고 활용할 수 있도록 구현해야 한다.

| 실시간의 정의 |

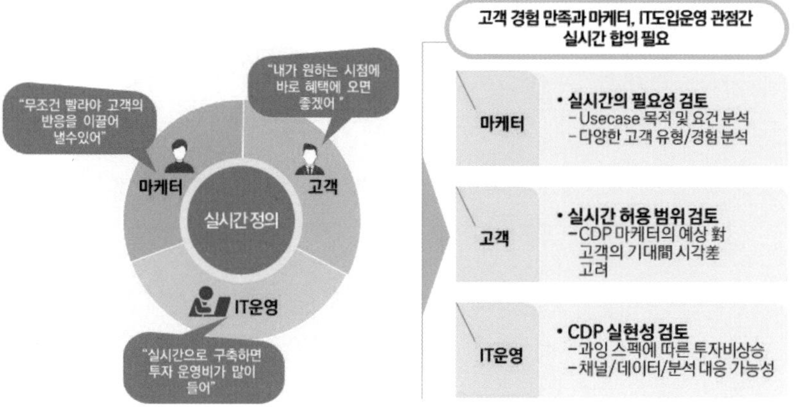

실시간 데이터 통합에는 더 강력한 처리 능력이 필요하다. 강력한 처리 능력에는 시스템의 복잡도가 증가하여 비용이 많이 소요될 수 있다. 마케터는 시나리오의 효용성을 따지기 전에, 모든 시나리오가 실시간으로 구현되기를 희망한다. 시스템을 구축하거나 운영하는 측면에서는 비용 대비 효과를 고려해야 한다. 고객은 내가 원하는 시점에 바로 혜택이 오기를 바라지만, 내가 원하는 혜택이 마케터가 주려는 모든 혜택은 아니다. 고객의 경험을 만족시키기 위해 마케터는 실시간이 필요한 시나리오를 선정해야 하고, IT 도입 운영 관점에서는 실현성을 검토하여 균형을 최적화하는 것이 중요하다.

그 많은 데이터를 어떻게 수집하는가

데이터의 옥석을 가려라

모든 기업이 데이터를 가장 중요하게 여기지만, 데이터를 활용하기에는 어려움이 있다고 한목소리로 호소한다. 데이터가 너무 흩어져 있고 형식도 다양하며, 신뢰하기 힘든 데이터가 많다는 이유에서다. 그리고 대다수 기업은 데이터를 더 많이 확보할수록 기업에 더 많은 가치를 창출한다는 착각을 하기도 한다. 하지만 기업들이 확보하는 모든 데이터에 가치 있는 데이터만 있는 것은 아니다. 엄청난 양의 데이터를 수집하기 전에 '기업이 마주하는 비즈니스 기회는 무엇인가?'

를 묻고 이를 답하는 데 필요한 데이터를 찾아야 한다.

우선 비즈니스 활용에 필요한 데이터가 무엇인지 확인하고 데이터 수집 대상을 정의해야 한다. 앞서 제시된 것처럼, 데이터는 기업이 자체적으로 보유하고 있는 데이터(0 & 1st Party Data), 제휴나 외부 구매 데이터(2nd Party Data), 공공이나 소셜 데이터(3rd Party Data)로 분류할 수 있다. 고객 여정을 분석하기 위해서는 구매이력, 매장 방문이력, 상담이력 등 기존 CRM 데이터, 쇼핑몰 데이터와 디지털 채널에서의 고객 행동 정보를 수집해야 한다. 디지털 행동 정보는 실시간으로 수집하는 기술 구현이 필요하다. 모바일 앱이나 웹사이트에 TMS(Tag Management System)나 모바일 SDK(모바일 Software Development Kit, 모바일 앱에 적용하는 개발 방식)를 적용하고, 스트리밍 기술을 활용하여 실시간 데이터를 수집한다. 또 이벤트 기반의 처리 엔진을 통하여 실시간으로 활용할 수 있는 실시간 데이터 파이프라인을 구축한다.

기업 내부에서 관리하고 있는 CRM 데이터도 활용 시나리오에 따라 실시간 수집 기술이 필요하다. 대량의 데이터 수집을 위해서는 이를 배치(Batch: 데이터를 모아 두었다가 일괄해서 처리하는 방식) 수집 기술로 구현한다. 배치 수집 방법에는 ETL(Extract, Transformation, Load, 추출하고 변환하여 로드하는 데이터 처리 기술) 솔루션을 활용하거나, AWS의 Glue와 같은 클라우드 업체에서 제공하는 서비스를 이용하는 방법이 있다. 수집하는 원천 시스템에 따라 다양한 연계 방안을 정의하고 구현할 수 있다.

디지털 채널에는 흔적이 남는다

디지털 채널은 기업 비즈니스에서 고객들과 일차적인 관계를 맺는 곳이다. 웹사이트와 모바일 앱은 마케팅/서비스 채널로 브랜드 경험을 대표한다. 이런 디지털 채널에서의 고객들의 활동은 데이터로 남길 수 있다. 장바구니에 상품을 담고 구매하는 행동, 나에게 필요한 제품을 검색하고 제품들의 가격을 비교하는 행동, 특정 페이지에 머무는 시간, 유튜브 동영상을 시청한 시간, 영상을 어디까지 시청했는지, 제품들이 많이 나오는 페이지에서는 몇 퍼센트(%)까지 스크롤을 내려서 확인했는지 등 웹과 앱에서 고객들이 하는 행동 모두 데이터화할 수 있다.

이뿐만이 아니다. 고객들이 구매한 제품을 통해서도 데이터를 수집하고 활용할 수 있다. 예를 들면 IoT를 통해 가전제품(세탁기)을 사용하는 패턴 등을 데이터화해서 활용하는 경우가 있다. 얼마나 자주 세탁기를 이용하는지, 세탁 시에 어떤 코스를 이용하는지, 한 번에 돌리는 세탁물의 양은 얼마인지 등 제품을 사용하면서 하는 고객의 모든 행동이 데이터화의 대상이다. 여기서 중요한 점은 앞서 말했듯이 모든 데이터를 수집하는 것에만 목표를 둘 것이 아니라, 데이터를 어떻게 활용할지를 고려하여 데이터 수집 대상을 정의해야 한다는 것이다.

이러한 데이터를 수집할 때 기술적으로 고려해야 할 사항은 새로운 데이터 사일로가 생기지 않도록 주의해야 한다는 점이다. 웹사이트나 모바일 앱상의 온라인 행동 정보를 실시간 수집하기 위해 웹사이트에 태그를 구현하거나 모바일 앱에 SDK 구현을 검토할 때, 태그 또는 SDK 적용을 일관되게 구현해야 한다.

온라인 행동 정보를 수집할 수 있는 다양한 솔루션들이 있고, 기업에는 웹사이트나 모바일 앱 서비스가 다양하게 존재한다. 그런데 이 서비스들은 관리하는 조직이 다른 경우가 많다. 웹사이트나 모바일 앱 서비스를 새로 출시하는데, 관리 조직이 다르다 보니 온라인 행동 정보를 수집하는 솔루션이 이미 다른 솔루션으로 적용된 사례가 많을 수 있다. 그래서 CDP를 구현하면서 이미 적용되어 있는 솔루션을 모두 걷어내고 새로운 솔루션으로 적용해야 하는지, 아니면 기존 솔루션을 그대로 두고 새로운 솔루션을 추가로 적용해야 하는지, 아니면 기존 솔루션을 그대로 활용하고 데이터만 CDP 데이터 리파지토리로(Repository: 데이터를 모아놓고 서로 공유할 수 있게 하는 데이터 저장소) 연계해야 하는지를 선택해야 한다. 어떤 방식을 선택해야 하는지는 정답이 있는 게 아니다. 해당 기업에서 현재 솔루션을 이용해 활용하고 있는 상황에 따라서 어떤 방식으로 해야 할지 결정하는 것이다. 다만 이런 결정에 있어 또 다른 데이터 사일로가 발생하지 않도록 하는 것이 중요하다.

| 디지털분석플랫폼을 통한 온라인 행동 정보 수집 |

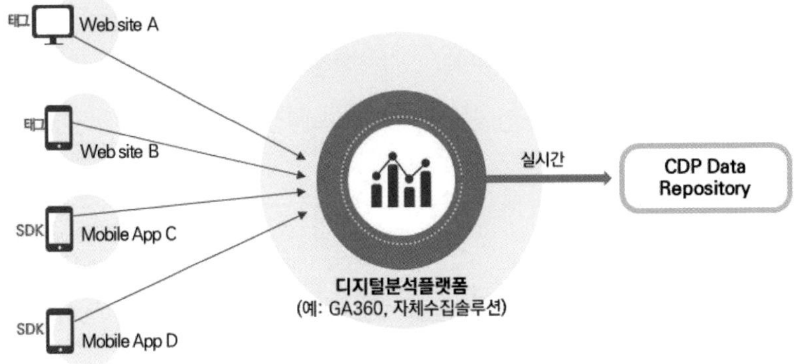

제시된 그림은 디지털분석플랫폼을 통해 일관되게 수집하는 아키텍처 모습이다. Web Site A, Mobile App C에 이미 GA360을 통해 온라인 행동 정보를 디지털분석플랫폼에 수집하고 있었다고 하자. 추가로 신규 서비스인 Web Site B, Mobile App D의 데이터도 통합해서 보려고 한다면, 마찬가지로 디지털분석플랫폼으로 함께 수집하고, 데이터만 CDP 데이터 리파지토리에 연계하는 방법이다. 기존에 디지털분석플랫폼을 이용하여 Web Site A, Mobile App C를 분석하던 조직에서는 이를 계속 활용할 수 있고, 추가로 Web Site B, Mobile App D도 분석이 가능하다. 그리고 이를 CDP 데이터 리파지토리에 실시간 연계하여 수집하기 때문에 CDP에서 통합 분석하여 실시간 마케팅에 활용도 가능하다.

온라인 행동 정보를 수집할 때에는 쿠키 ID와 기업에서 관리하는 고객 아이디의 관계, AD-ID(광고 ID)와 고객 아이디와의 매핑 정보를 고려하여, 동일인으로 인식할 수 있도록 해야 한다. AD-ID(광고 ID) 저장 여부는 기업에서 활용하고 있는 상황에 따라 법무 검토 결과가 다를 수 있기 때문에 사전에 확인이 필요하다.

개인 고객을 중심으로 데이터를 통합하다

고객 정보 통합 관리

CDP의 프로파일 통합은 여러 고객의 식별자(Identifier: CRM 고객번호, 쿠키 ID, 웹사이트 회원 ID 등) 정보를 신규 통합 고객 아이디로 단일화하고, 다수의 소스에서 관리하는 고객 속성 항목은 중복을 제거하고 통합한 후 단일화된 고객 아이디에 속성을 연결하여 고객 프로파일을 생성하는 것을 말한다.

| 고객 아이디 기준의 통합 프로파일 |

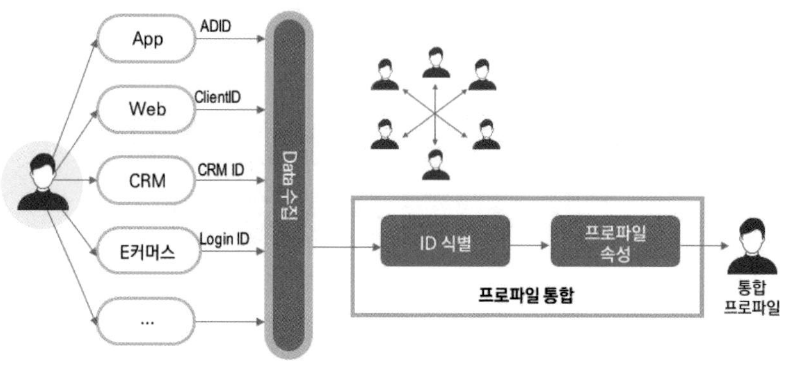

프로파일 통합을 위해서 먼저 수집 대상 고객 정보를 파악하여 고객 통합에 반영할 후보 항목을 도출하고, 고객 분석 및 데이터 활용을 고려하여 통합 관리 항목을 정의한다. 고객 식별자 정보는 아이디 통합 대상으로 CRM에서 관리하는 고객 아이디, 회원번호, 쿠키 아이디, 이메일, Device ID 등이 있다. 고객 속성 정보에는 나이, 성별, 거주지, 직업, 소득수준 등의 인구통계학적(Demographic) 정보, 고객 유형, 전화번호, 구매 속성(최근 구매일자, 최근 구매 상품, 최근 한 달 구매 금액 등) 등이 있다. 고객의 행동 정보에는 고객의 다양한 행동 이력으로 서비스 사용 이력, 접촉 이력, 사이트 검색 이력 등이 있다.

| 고객 정보 통합 관리 항목 정의 |

고객 식별자(Identifiers)	고객 속성(Attributes)	고객 행동(Behaviors)
• 자사 고객ID • 회원번호 • 브라우저 쿠키 • 이메일 • Device ID(adid) • ….	• 고객 Demographic항목 (나이, 거주지, 직업, 소득수준 등) • 고객유형, 전화번호 • 최근 구매일자 • …	• 서비스 사용 이력 • 고객 접촉 이력 • 구매 이력 • 사이트 검색 • ….
ID통합 대상	**속성통합 대상**	

ID Resolution 기능은 새로운 고객 데이터 사일로를 생성하지 않도록 기존 고객 데이터를 통합하는 방안을 제공한다. ID Resolution은 배치 처리와 실시간 처리로 구현된다. 배치 처리에서는 여러 소스의 고객 정보를 단일 아이디로 통합하여 아이디 매핑(Mapping, 어떤 값을 다른 값에 대응시키는 과정) 정보 테이블을 생성한다. 이렇게 생성된 아이디 매핑 정보는 실시간 영역으로 업로드되어 신규로 수집되는 아이디 정보를 추가 매핑하거나 신규 아이디를 생성하게 된다.

ID Resolution에는 결정론적(Deterministic) 매핑 방법과 확률론적(Probabilistic) 매핑 방법이 있다. 결정론적 매칭 방법은 로그인 아이디를 기반으로 고객 식별자 정보를 매핑하는 방법이다. 특정 쇼핑몰 사이트를 노트북에서도 접속하고 휴대폰 모바일 앱을 통해서도 접속한다고 하자. 쇼핑몰 아이디는 abc_id라고 하면, 노트북에서도 abc_id로 로그인하고, 휴대폰 모바일 앱에서도 abc_id로 로그인하게 된다. 노트북으로 웹사이트를 이용하면 웹사이트의 쿠키 ID 기준으로 행동 정보가 발생하고, 휴대폰 모바일 앱을 이용한 경우, 휴대폰 AD-ID 기준으로 행동 정보가 발생한다. 이 두 가지 식별정보(쿠키 ID, AD-ID)를 같은 사람으로 인지하고 매핑하는 방식이 결정론적 매핑 방법이다. 만약 쇼핑몰을 이용할 때, 로그인 없이 상품을 검색하고 가격을 확인하다가 구매하려는 시점에 로그인하게 되면 어떨까? 쿠키 ID와 AD-ID를 이용하여 매핑하기 때문에, 로그인 없이 이용한 행동 정보까지 같은 사람의 행동 정보 인식할 수 있다.

확률론적 매핑 방법은 머신러닝 알고리즘을 활용하여 고객의 패턴에 따른 ID의 동일 가능성을 제공하는 방법이다. 이 방식은 100%의 신뢰가 아닌 확률적으로 일치 여부를 확인할 수 있다. 확률적 매칭에는 브라우저의 유형 및 기록, 지리적 위치, IP 주소 등을 활용한다. 확률론적 매핑 방법으로 활용할 수 있는 대표적인 예는 가구 아이디의 생성이다. 동일한 IP 주소에 연결된 여러 디바이스 ID의 행동 정보들이 수집되었을 때, 해당 디바이스들에서 수집된 로그인 정보를 하나의 가구로 정의하는 것이다. 집에서는 온 가족이 휴대폰, 태블릿, 노트북 등 여러 디바이스를 같은 WIFI를 이용해서 연결하게 되므로, 이를 활용하여 가구를 정의하는 것이다. 물론 공공장소 등의 WIFI는 제외해야 하는 어려움도 있다.

고객 아이디를 연결할 때, 대부분 결정론적 매핑 방법을 기본으로 하고 확률론적 매핑 방법을 부가적으로 사용할 수 있다.

| 가구 아이디 |

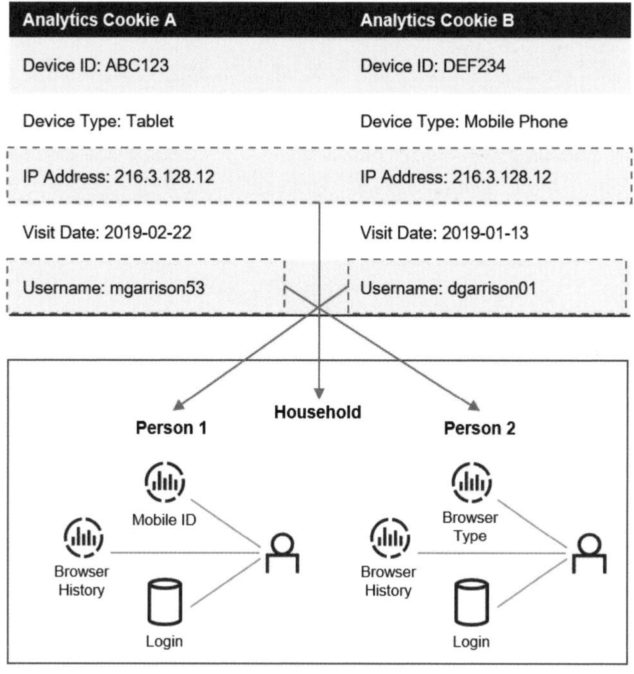

자료: 가트너

고객 정보에 대한 프로파일 생성

여러 디바이스를 사용하는 고객 정보를 하나의 고객으로 만들고 나면, 이제 하나의 고객을 기준으로 어떤 정보를 활용할지 정해야 한다. 이를 프로파일 생성이라고 한다. 프로파일을 생성하기 전에 고객

정보 항목 기준으로 통합이 먼저 되어 있어야 한다. 주소 정보를 예를 들어 보면, 주소 정보를 수집하는 시스템이 여러 군데라고 가정해 보자. CRM 시스템에서도 주소 정보 변경이 가능하고, 인터넷 쇼핑몰 사이트에서도 주소 정보 수정이 가능한 경우라면, 주소 정보는 최근에 변경된 정보가 정확도가 가장 높을 것이다. 고객 마스터에 있는 주소 정보는 최근에 변경된 정보로 업데이트하고, 원천마다 변경된 정보들은 주소 History 테이블에 별도로 저장하여 관리한다. History 테이블을 관리하는 이유는 시스템 기준으로 데이터를 활용할 수도 있고, 나중에 데이터의 정합성을 검증할 때 활용할 수도 있다.

| 프로파일 통합 |

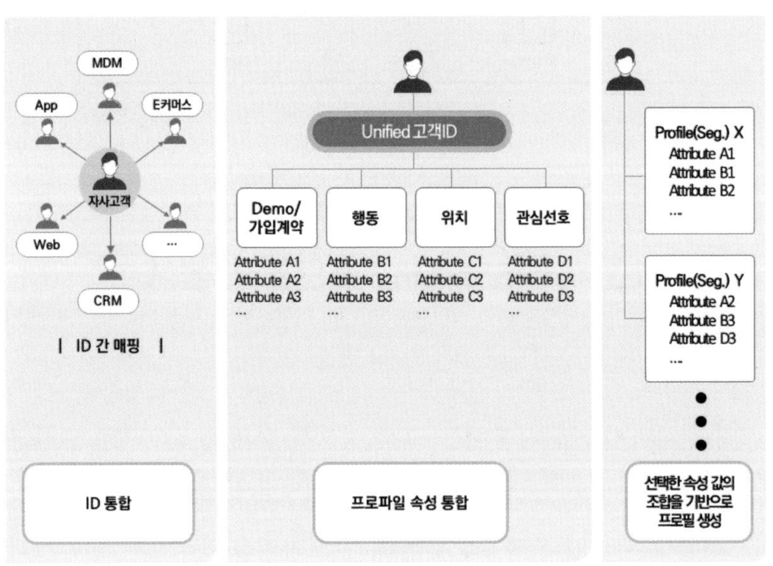

CDP에는 마케터가 직접 프로파일을 생성할 수 있는 기능을 제공해준다. 프로파일 생성 기능은 간단하게 선택한 속성값의 조합으로 만드는 방법과 규칙을 이용하여 생성하는 방법이 있다.

선택한 속성값의 조합으로 프로파일을 만드는 방법은 가장 기본적인 사용 방식이다. 예를 들어 두 번째 웹사이트 방문에서 제품을 구매하는 사용자의 프로파일을 만드는 경우를 보자. 마케터가 이런 프로파일을 만들려면 UI 도구를 사용하여 '웹사이트 방문 횟수'라는 속성에 '2'를 선택하고, '구매'라는 속성에는 'Y'값을 선택한다.

규칙을 이용하여 프로파일을 생성하는 방법은 마케터가 룰을 직접 세팅하여 프로파일을 생성하는 방법이다. 예를 들어, 모바일 앱을 사용하여 할인쿠폰을 다운로드하고 2일 이내 해당 쿠폰을 사용하기 위해 오프라인 매장을 방문한 사용자에 대한 프로파일을 만든다고 해보자. '할인쿠폰 다운로드'한 속성에 'Y'값을 정의하고, '할인쿠폰 다운로드 일자'와 '구매일자' 속성 간에 2일 이내를 정의하기 위해 and, or을 이용한 논리적 문장을 사용해야 한다. 이런 논리적 문장을 사용할 수 있도록 CDP는 SQL(Structured Query Language) 도구 등을 제공하여 룰을 정의할 수 있는 기능을 제공한다.

'표준화 모델링' 수립을 통한 데이터 통합

다양한 원천에서의 수많은 유형의 데이터를 통합하기 위해 고려해야 할 사항에는 무엇이 있을까? 통합 기술 그 자체와 데이터 품질을 핵심적으로 고려해야 할 것이다.

기업이 보유한 많은 웹사이트와 모바일 앱에는 이미 온라인 행동 정보를 수집하는 사이트가 있을 수 있다. 그리고 수집하는 툴도 사이트를 담당하는 부서에 따라 다양하게 존재할 수도 있다. 만약 일부 사이트에 이미 행동 정보를 수집하고 있다면, 이를 CDP로 구현할 때 어떻게 활용할 것인지 결정해야 한다. 기존의 수집을 모두 제거하고 새로운 툴로 수집을 할 것인지, 중복으로 수집할 것인지, 기존 툴에서 그대로 수집하고 데이터만 활용할 것인지 하는 의사결정이 필요하다.

그런데 CDP를 구현한다고 해서 이미 수집하고 있는 행동 정보를 두고 무조건 중복으로 수집할 필요는 없다. 기존에 태깅되어 있는 데이터가 우리가 활용하기에 충분한지 검토하고 이에 따른 의사결정을 해야 할 것이다. 디지털 채널은 계속 증가하거나 변화(기존 사이트 개편 등)될 것이므로, 태그 또는 SDK를 일관되게 적용해야 한다.

일관되고 균일한 고객 데이터를 수집할 수 있도록 웹사이트와 모바일 앱 애플리케이션 사이에 공통 데이터 구조(로그 표준화)를 정의해야 한다. 활용할 데이터 항목을 공통 데이터 구조로 정의하고 표준화 모델을 수립하여 데이터를 통합해야 한다는 의미다. 이런 표준화 모델은 신규 웹사이트나 앱 서비스를 추가할 때, 행동 정보 수집 및 분석을 유연하게 적용할 수 있게 해준다.

| 로그 포맷 표준화 |

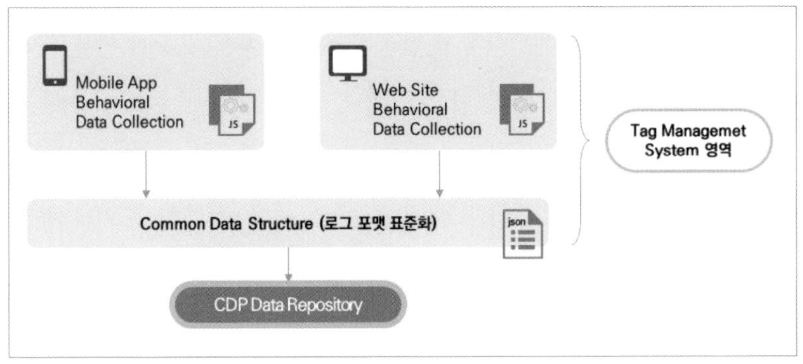

이렇게 데이터를 표준화해 수집한 데이터를 기반으로 CEJ(Customer Experience Journey) 표준화 모델링을 정의해 활용할 수 있다. CEJ 분석은 고객의 온오프라인 채널을 통해 행동한 모든 경험을 탐색하고 매핑하여 고객의 니즈를 더 잘 이해하고 공감할 수 있도록 하기 위한 것이다. 먼저 고객의 여정을 단계별로 정의하고, 여기서 발생할 수 있는 모든 Touchpoint(접점)를 매핑하여 설계한다. 고객 여정의 단계는 크게 '인지 단계', '관심 단계', '고려 단계', '구매 단계', '사용하는 단계'로 정의하고 해당 단계에서 발생하는 상세 활동을 정의한다.

예를 들어 제품의 고장이나 불편사항을 상담센터를 통해서 접수했는데, 제품의 수리가 불가능한 상황이라면 고객은 새로운 제품을 구매해야 하는 상황이 될 수도 있다. 이를 '인지 단계'로 정의한다. '관심 단계'는 웹사이트에서 제품을 탐색하고 다른 제품과 가격을 비교하면서 해당 제품을 관심 상품에 담는 행동을 포함한다. '고려 단계'는 제품을 장바구니에 담아서 여기에 적용할 수 있는 프로모션이나 쿠폰코드를 적용해보거나, 상담을 통해 더 좋은 프로모션을 찾는 단계다. 이렇게 장바구니에 담은 제품을 다양한 결제수단을 이용하여 구매하게 되면 '구매 단계'로 보게 된다. 디지털 시대에서는 구매 이후의 사용 단계를 중요하게 여긴다. 제품 사용에 대한 후기나 블로그 등의 글을 관리하기도 하고, 제품 사용 방법을 다운로드하거나 제품을 등록하여 해당 제품에 필요한 부가 제품(액세서리 등)을 추가 판매하기도 한다.

Touchpoint의 정의는 모든 접점 채널을 정의하는 것이다. 마케팅 채널, 판매 채널, 서비스 채널에서 발생하는 모든 고객 접점을 정의한다. 다음 표는 제품을 판매하는 기업의 Touchpoint를 3레벨로 정의한 내용이다. 앞에서 정의한 고객 여정 단계별로 Touchpoint를 매핑해 고객이 행동하면서 발생할 수 있는 데이터를 모두 정의하고, 이 데이터를 획득 가능한지 판단해 표준 모델링을 정의하여 활용한다.

| 제조기업 관점의 Touchpoint 레벨별 정의 |

Touchpoint L1	Touchpoint L2	Touchpoint L3	온/오프라인	내/외부
마케팅채널	온라인마케팅	온라인광고	온라인	외부
		Email/SMS		내부
		검색 포털/가격비교 사이트		외부
		Social (SNS/블로그/커뮤니티)		외부
	오프라인마케팅	미디어광고	오프라인	외부
		오프라인 이벤트		내부
	지인 추천	지인 추천		외부
판매채널	자사 온라인몰	공식온라인몰	온라인	내부
	외부 온라인몰	오픈마켓		외부
		유통사 온라인몰		
		파트너사 온라인몰		
	자사 오프라인 매장	오프라인 매장	오프라인	내부
		쇼룸		
	상담센터	상담센터		
	외부 오프라인매장	혼매(유통사)		외부
		전매(입점형 샵)		
		홈쇼핑		
		판매행사(박람회 등)		
서비스제공채널	온라인 서비스	서비스센터Online	온라인	내부
		자사 서비스 App		
	오프라인 서비스	서비스센터 Offline	오프라인	내부
		방문 서비스		

고객 데이터를 저장하는 방법

데이터 저장소의 구성

앞에서 설명한 CDP 주요 기능이 구현되어 실제로 데이터가 저장되는 데이터 저장소는 어떻게 구성되어야 할까? CDP 저장소는 개인정보가 저장되는 곳이므로 무엇보다 컴플라이언스를 준수해야 하는 것이 중요하다. CDP 데이터 저장소는 크게 일반정보 영역, 개인정보가 저장되는 Secure Zone, 그리고 아카이브 영역으로 구성한다.

| 데이터 저장소 |

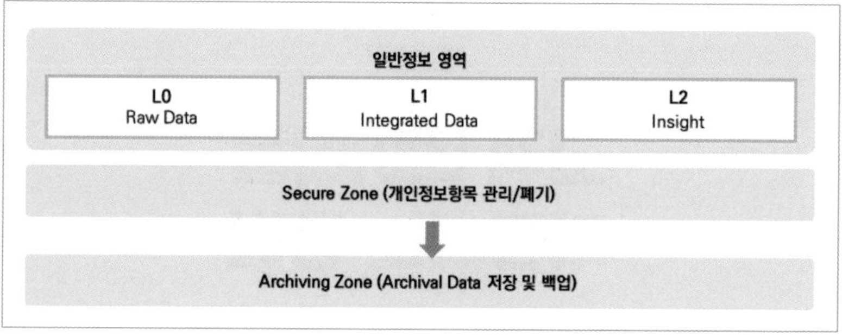

원천에서 수집한 데이터를 개인정보와 일반 데이터로 분리하여, 개인정보는 Secure Zone에 저장하고 개인정보를 제외한 데이터만 일반정보 영역에 저장한다. 일반정보 영역은 L0, L1, L2로 구성한다(L은 Level의 약어로, 데이터 가공 수준을 말함). L0는 원천에서 수집된 데이터를 원천 기준 그대로 변환하여 저장하는 영역이다. 여기에서의 변환은 고객 ID를 그대로 저장하지 않고 암호화하여 저장하거나, 속성값을 범주화하여 저장하는 형태를 말한다. 속성값을 범주화하는 예를 들어보면, 개인정보 데이터인 연령 정보는 연령대(10대, 20대, 30대 등)로 변환하여 저장하거나, 상세 주소 데이터의 경우 시군구 정보로 변경하여 저장하는 경우를 들 수 있다.

L1은 분석의 효율성을 높이기 위해 가공한 데이터 영역으로, 데이터의 연관성을 고려해 통합한 데이터로 구성한다. 예를 들어 고객의 주소가 여러 브랜드 사이트에서 관리되고 있다고 해보자. 가장 최근

에 업데이트한 주소가 무엇이고 온라인 배송 서비스를 이용할 때 주로 사용하는 배송지 주소는 무엇인지를 관리하기 위해 L1 영역에서 고객 주소라는 통합 테이블을 구성하여, 고객 주소 변화 사항을 한눈에 확인할 수 있도록 한다.

L2는 분석 모델에서 생성한 데이터를 저장하는 영역이다. 고객의 관심 영역을 선호도 지수값으로 분석하여 스포츠관심지수, 여행관심지수, 결혼관심지수, 이사관심지수, 반려동물관심지수 등으로 저장한다. 이탈점수, 고객등급, 등급상하향확률, 불만지수 등을 분석하여 고객의 충성도를 관리하기도 한다.

마지막으로 아카이빙(Archiving) 영역은 활용도가 낮은 장기 데이터를 보관하는 저장소 영역이다. 아카이빙은 저렴한 비용의 저장 방법을 이용한다. AWS의 경우라면 글래시어(Glacier)를 이용하여 아카이빙할 수 있다. 일반적인 데이터 레이크와 다르게, 아카이빙을 구성할 때 CDP에서 고려할 사항은 개인정보 파기 작업에 영향을 미치지 않는 데이터만 대상으로 해야 한다는 점이다. 특정 고객의 개인정보를 파기해야 하는 경우, 오래된 데이터라고 해서 예외 처리가 되지 않으므로 아카이빙 영역에 개인정보가 포함되어 있으면 이 데이터도 반드시 파기해야 한다. 저렴한 비용의 저장소를 대상으로 특정 고객의 데이터만 추출하여 삭제하는 것은 쉽지 않으므로(가능하더라도 고비용이 소요됨) 아카이빙 영역에 데이터를 보관할 때는 개인정보가 포함되어 있는지 확인해야 한다.

개인정보 모델링 방안

그렇다면 Secure Zone을 이용한 개인정보 모델링은 어떻게 해야 하고, 무엇을 고려해야 할까? Secure Zone을 이용하는 방안은 개인정보 사용에 대한 감사기록(Audit Log)을 관리하고, 사용자의 접근 통제를 위해 개인정보를 분리해서 저장한다. 데이터 3법과 내부 개인정보처리 지침에 따라 개인정보에 대해 항목별 조치방안을 상세히 정의해야 한다. 활용되지 않는 불필요한 개인정보는 삭제해서 개인정보를 최소화해 저장한다. 다음 그림은 데이터를 수집하는 원천에서 개인정보가 포함되어 있는 경우, 데이터 저장소에 저장되는 방법을 도식화하여 설명한 것이다.

| Secure Zone을 이용한 개인정보 관리 |

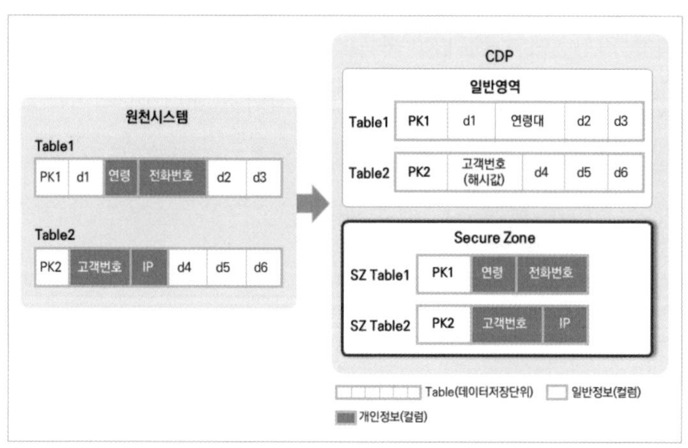

그림과 같이 원천에서 개인정보가 포함된 Table 1과 Table 2를 CDP로 수집하려고 한다. Table 1에는 연령과 전화번호의 개인정보와 3개의 일반정보가 있으므로, 일반영역에는 3개의 일반정보와 연령을 연령대로 범주화한 정보를 저장하고, Secure Zone에는 연령과 전화번호를 저장한다. 일반영역과 Secure Zone 테이블 명칭은 규칙으로 정의해 연결하고 해당 테이블의 연결키는 PK1(Primary Key: 테이블 기본 키)으로 연결해 활용한다. Table 2에는 고객번호와 IP, 개인정보, 그리고 3개의 일반정보가 있으므로, 일반영역에는 3개의 일반정보와 고객번호를 해시 처리한 값을 저장하고, Secure Zone에는 고객번호와 IP를 저장한다.

원천에 개인정보가 포함되어 있는 경우, 이를 처리하는 방안은 4가지다. 첫 번째는 항목 삭제다. 활용되지 않을 정보들은 삭제하여 식별 위험성을 제거하는 것이다. 여기에 해당하는 예로는 신용카드번호, 계좌번호, 비밀번호 등이 있다. 실제 거래 시에는 신용카드번호가 필요하지만, 데이터를 분석하고 활용하는 관점에서는 일반적으로 카드번호는 필요하지 않다. 다만 분석을 위해 카드사 정보나 카드 유형 정보는 저장해 관리할 수 있다.

| 방안 1. 항목 삭제 |

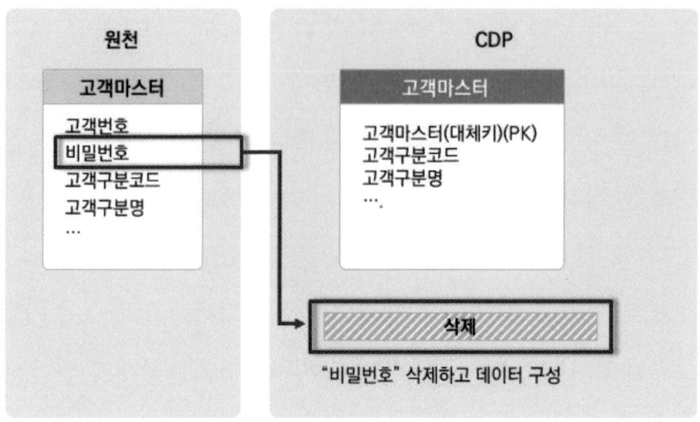

두 번째는 Secure Zone에 분리 저장하는 방안이다. 개인정보 항목은 별도로 연결된 Secure Zone에 테이블로 저장한다. 이름, 생년월일, 전화번호, 아파트 등의 상세 주소, 직업 등이 Secure Zone에 별도로 저장되어야 하는 항목이다.

| 방안 2. Secure Zone 분리 |

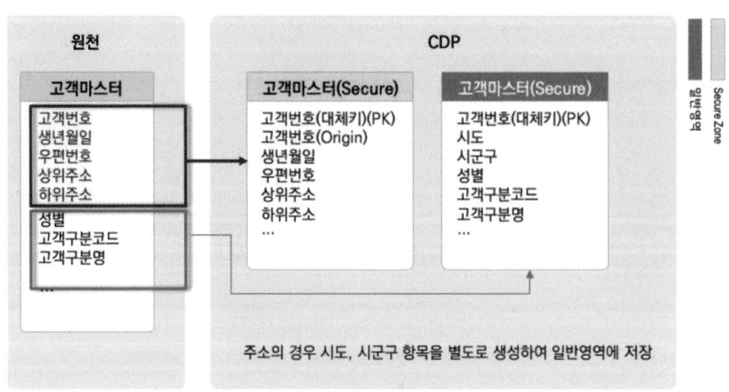

세 번째는 해시 처리하는 방안으로, 해시함수를 통한 처리 결괏값으로 대체하는 것이다. 해시 처리하는 경우는 고객번호와 가입번호 등 기업 내부에서 관리하는 ID 값을 암호화하여 저장하고, 이를 연결키로 사용한다. 고객번호는 여러 테이블(고객주문내역, 고객문의내역 등 고객과 관련된 테이블)에 존재하고, 이를 조인하여 활용해야 하기에 테이블에서 필요한 정보다. 고객번호 등을 해시 처리해야 하는 이유는 고객번호 자체가 노출되면 해당 번호를 이용하여 CRM 시스템 등에서 즉시 조회할 수 있기 때문이다.

| 방안 3. 해시 처리 |

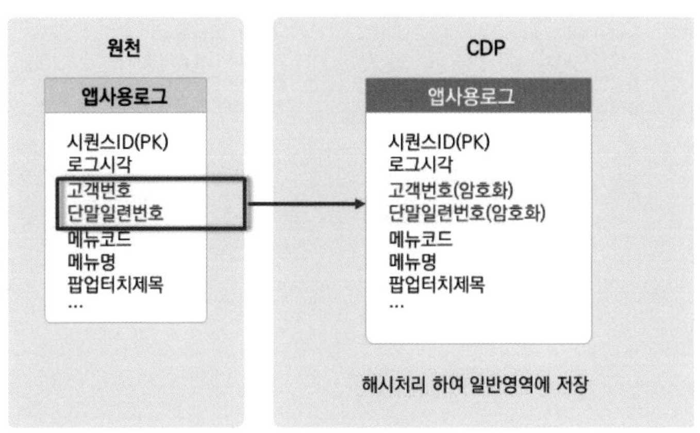

네 번째는 범주화하는 방안이다. 예를 들어 연령은 개인정보이므로 Secure Zone에 저장해야 하지만, 10세 단위 연령대로 범주화하면 일반정보 영역에 저장하여 분석에 활용할 수 있다. 소득금액도 범주화해서 일반영역에 저장해 활용할 수 있다.

| 방안 4. 범주화 처리 |

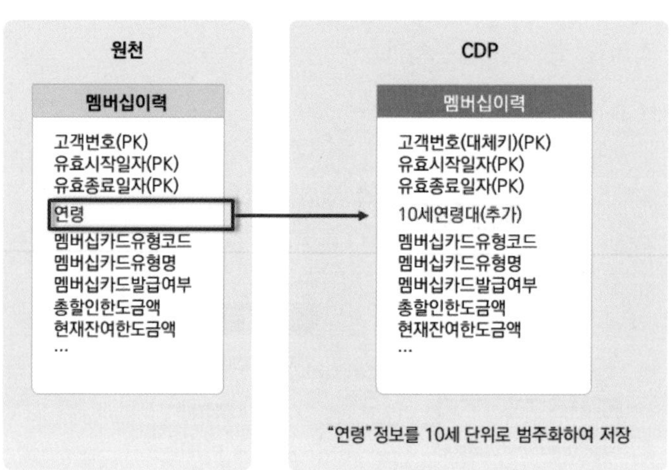

이런 개인정보 모델링 방법을 통해 데이터의 정보 항목 단위로 개인정보를 철저히 관리해 컴플라이언스 이슈에 대응해야 한다. 최근 개인정보보호 데이터 모델에 고객 동의(Consent Management) 기능을 추가하여 제공하고 있다. 특정 개인의 개인정보보호 기본설정을 추적하고 저장하는 기능이다. 고객 개인정보보호 기본설정은 사용자 본인이 관리해야 하는 항목으로 이런 항목들도 CDP에서 조회되어야 한다.

디지털 혁신 가속화를 위한 자동화 적용

데이터 관리 최적화를 위한 DataOps

디지털 시대에는 많은 것이 빠르게 변화한다. 비즈니스 요건이나 사용 가능한 데이터에 대한 요구도 빠르게 변화한다. 이런 빠른 변화에 대응하기 위해 데이터 운영에 대한 프로세스를 자동화하여 데이터를 보다 유용하게 활용하고 디지털 혁신 여정을 보다 원활하게 만들어야 한다. 최근 많이 회자되고 있는 데이터옵스(DataOps)를 눈여겨볼 필요가 있다. 데이터옵스는 조직 전체의 데이터 관리자와 데이터 소비자 간의 데이터 흐름의 커뮤니케이션, 통합 및 자동화를 개선하는 데 중점을 둔 협업 데이터 관리 방식이다. 데브옵스(DevOps, 소프트웨어 개발과 IT 팀간 프로세스를 자동화해 더 빠르고 신뢰성 있는 방식으로 소프트웨어 개발, 테스트, 배포가 가능하도록 지원하는 개발 환경 또는 문화)의 성공에 이어 기업은 이제 데이터옵스로 눈을 돌리고 있다.

| 데브옵스 밸류체인에서 얻은 교훈을 활용하는 데이터옵스(DataOps) |

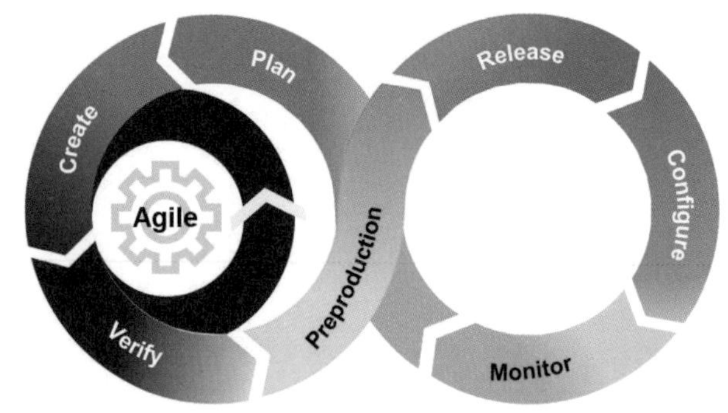

출처 : 가트너

데이터옵스의 목표는 데이터, 데이터 모델 및 관련 아티팩트의 예측 가능한 제공 및 변경 관리를 생성하여 더 빠르게 가치를 제공하는 것이다. 데이터옵스는 기술을 사용하여 적절한 수준의 거버넌스로 데이터의 설계, 배포, 관리 및 전달을 자동화한다. 데브옵스는 개발팀과 운영팀을 제품 또는 서비스를 담당하는 단일 유닛으로 통합해 시스템 개발 생애주기 동안 지속적인 전달 및 배포(CD, Continuous Deployment)를 제공하는 소프트웨어 개발 방법론이다. 데이터옵스는 데브옵스 방법론을 기반으로 하여 데이터 애널리스트, 데이터 엔지니어, 데이터 사이언티스트 등 '데이터 전문가'를 추가해 협력적인 방식으로 데이터 흐름을 개발하고, 조직 전체에서 데이터를 지속적으로 사용하는 데 중점을 둔다.

데이터옵스는 다음과 같은 기능을 구현해야 한다.

1) 베포 빈도 증가:

새로운 기능을 신속하고 지속적으로 제공하여 조직이 변화에 보조를 맞출 수 있는 방법론으로 전환

2) 자동화된 테스트:

사람이 많이 사용하는 기존의 테스트 접근 방식에서 발생하는 병목 현상을 제거하여 새로운 기능을 더 자주 제공하면서 더 높은 품질을 제공

3) 일관된 메타데이터 및 버전 제어:

변경 사항을 면밀히 추적하고 데이터 파이프라인 전달의 모든 참가자에게 신속하게 전달하여 보다 완전한 변경 관리를 보장

4) 모니터링:

파이프라인 기능의 동작 및 사용을 지속적으로 추적하면 수정해야 할 결함과 새로운 기능에 대한 기회를 보다 신속하게 식별

데이터옵스의 성공 열쇠는 데이터 파이프라인에 관련되어 있는 주요 역할들을 포함시켜 협업을 활성화 하여야 한다. 데이터 애널리스트, 데이터 아키텍트, 데이터 모델러, 데이터 엔지니어, 데이터 사이언티스트, 데이터 보안 담당자 등의 역할이 모두 참여하여, 복잡한 파이프라인 구성에 일관된 커뮤니케이션을 수행해야 한다. 이런 협업을 위해서는 공통 메타데이터 관리가 중요하고, 프로세스에서 여러 자동화 도구 및 모니터링 도구를 적용하여 최적화하여야 한다.

데이터처리 개발자동화 도구

데이터파이프라인을 빠르게 구축하기 위해 데이터처리 프로세스를 자동화하는 개발자동화 도구를 활용할 수 있다. 개발자동화 Toolkit은 메타정보, 배치작업관리와 데이터처리 프로그램 세 가지 set으로 구성되어 있으며, 이를 통해 개발자동화와 표준준수를 통한 개발 품질을 확보할 수 있고, 모니터링과 유지보수 관리에 활용할 수 있다.

| 데이터처리 개발 자동화 Toolkit 구성 |

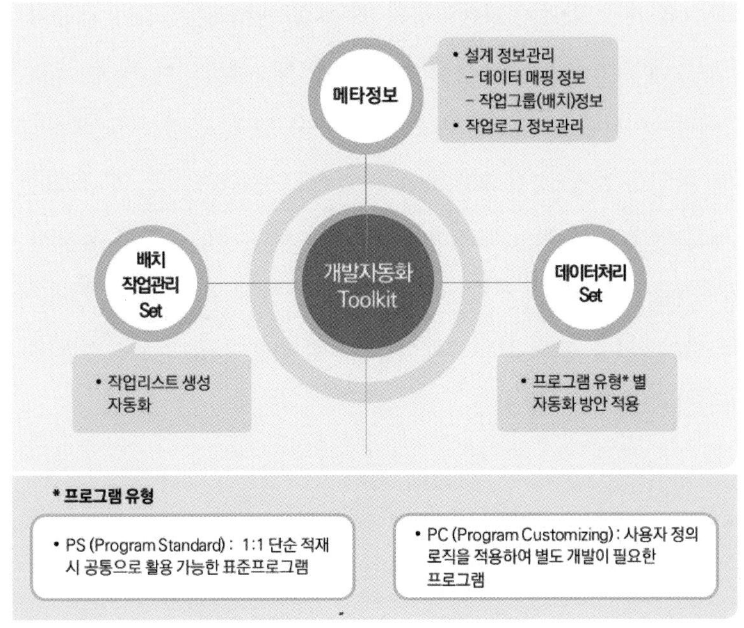

개발 자동화 Toolkit에서는 프로그램 유형별로 자동화 방안을 적용한다. 프로그램은 PS(Program Standard, 1:1 단순 적재 시 공통으로 활용 가능한 표준프로그램)유형과 PC(Program Customizing, 사용자 정의 로직을 적용하여 별도 개발이 필요한 프로그램)유형으로 분류한다. PS 유형의 경우 공통 프로그램과 메타데이터만으로 데이터 처리가 가능하다. 원천시스템에서 많은 데이터를 수집할 때 대부분의 경우 원천 테이블을 그대로 수집하게 된다. 100개의 테이블을 수집해야 한다면, 100개의 데

이터 처리 프로그램이 필요하지만, 자동화 Toolkit을 활용하면 별도 프로그램 개발 없이 메타데이터의 매핑 정보만으로 작업이 가능하다. 새로운 데이터 수집에 대한 요건이 있을 때, 개발이나 배포 작업 없이 메타데이터만 추가하면 바로 수집할 수 있다. 운영 시에 프로그램 배포 작업은 보통 정기적(일주일에 1–2회)으로 수행하므로, 신규 요건에 대해 운영에 아주 빠르게 적용할 수 있게 된다. PC 유형도 사용자 정의 로직을 넣는 부분 외의 영역은 모두 공통 프로그램으로 만들어서 관리한다. 이를 통해 프로그램의 표준 준수율이 높아져서 개발 품질을 상향 표준화할 수 있다.

개인정보 점검 자동화

고객 데이터를 처리하는 CDP에서는 개인정보에 대한 처리가 중요하다. 앞서 개인정보를 Secure Zone으로 분리하여 저장한다고 설명하였다. 이 경우 개인정보 항목인지 아닌지는 컬럼 정보로 확인하게 된다. 휴대폰번호, 카드번호, 주소라는 컬럼정보로 확인(혹은 원천시스템 담당자와 확인)하여 이런 항목은 Secure Zone에 분리 저장하고, 다른 항목들은 일반영역에 저장하게 된다. 실제 데이터를 처리하다 보면, 개인정보가 아닌 항목에 개인정보가 포함되어 들어오는 경우가 있게 된다. 비고라는 항목에 입력하는 사람이 해당 고객의 주소를 임의로 넣는다거나, 원천시스템의 특정 로직에 의해서 기타라는 항목에 휴대폰번호가 들어가게 된 경우도 있을 수 있다. 이런 경우에도 휴대폰번호, 주소는 개인정보 항목이기 때문에 일반영역에 데이터를 두어서는 안된다. 매일 수집하는 데이터에 대해서 일반정보로 정의한 항목에 개인정보가 포함되어 있는지 점검하는 부분도 자동화로 구현할 수 있다. 개인정보나 민감데이터를 검색 및 보호하는 데이터 프라이버시 서비스로 AWS Macie 기능을 활용할 수 있다. AWS Macie는 기계 학습 및 패턴 매칭을 사용하여 민감한 데이터를 검색한다. AWS Macie는 이름, 주소 및 신용카드 번호와 같은 개인 식별 정보(PII, Personal Identifiable Information)를 비롯하여 점점 증가하는 민감한 데이터 유형을 대규모로 자동 감지한다. 민감한 데이터 유형을 기업에 맞게 사용자 정의할 수 있어, 비즈니스에 고유한 민감한 데이터를 검색하고 보호할 수 있다.

| AWS Macie 작동방식 |

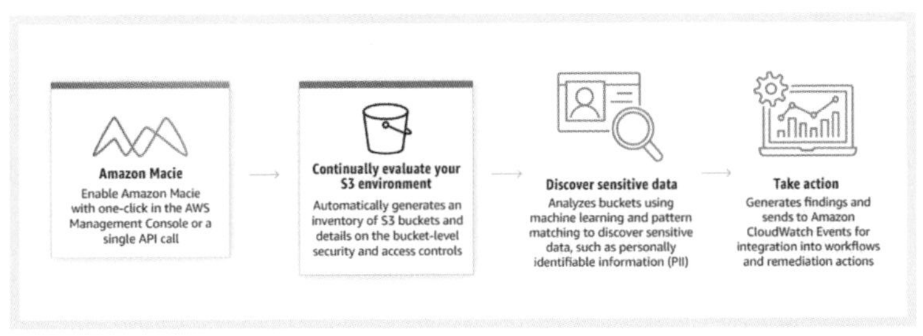

출처 : AWS

고객 상담 내용 항목은 일반적인 텍스트 정보이기에 개인정보 항목으로 분류하지 않으나, 상담 내용 중에 고객이 다른 가족의 핸드폰 번호를 남기면서 이 번호로 연락해달라고 요청한다든지, 주소를 남기며 해당 주소로 물품을 보내달라고 요청하는 등 또 다른 개인정보를 저장하는 경우가 생길 수 있다. 이런 경우 상담 내용 중 개인정보를 찾아내서 모두 마스킹 처리 등을 해야 한다. 이를 적용하는 솔루션으로 증강 데이터 품질 솔루션(Augmented Data Quality Solution)을 확인할 수 있다. 증강 데이터 품질 솔루션은 클러스터링 알고리즘을 사용하여 이상값을 찾아내고, 이상을 감지하고, 수정하도록 가이드한다. 패턴 식별이 핵심이며 대부분의 증강 도구는 메타데이터를 많이 사용한다. 이러한 도구는 지도 및 비지도 머신 러닝을 적용하여 데이터 유형 및 의미를 식별할 수 있다. 전화번호 또는 생년월일과 같은 민감한 개인 식별 정보(PII, Personal Identifiable Information)를 자동으로 감지하는 것이다. 이러한 정보는 자동으로 마스킹하거나, 삭제처리를 할 수 있다.

개인정보 파기 프로세스 자동화

CDP는 개인정보를 포함하고 있기 때문에, 개인정보 파기 프로세스도 중요하다. 디지털 시대에는 비즈니스 빠른 변화에 따라 데이터 유형의 추가나 변경도 빠르게 요구된다. 데이터 유형이 지속적으로 추가되면 고객에 대한 개인정보가 늘어나고 개인정보 파기 대상도 증가한다. 개인정보 파기 대상을 메타데이터로 관리하여, 파기 프로세스도 자동화 도구를 적용할 수 있다.

개인정보 파기 프로세스 자동화

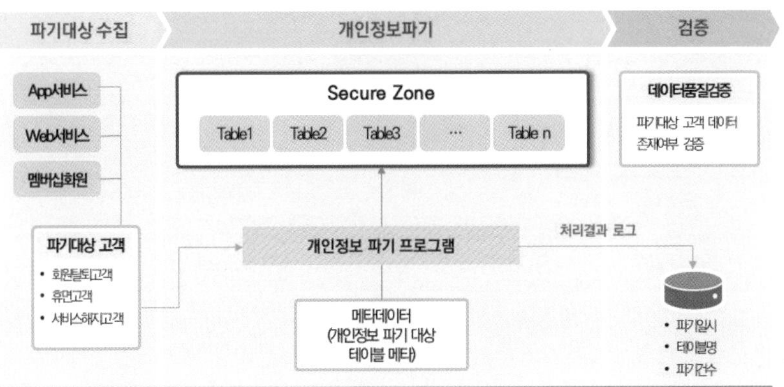

고객이 동의한 약관에 명시된 개인정보의 보관기한 종료에 해당하는 고객의 목록을 파기대상 고객에서 관리한다. 고객의 회원가입, 서비스가입시 동의한 개인정보 수집 및 이용에 대한 약관에 근거하여 개인정보는 관리되어야 하고, 보관기한이 종료된 고객의 개인정보는 지체없이 파기되어야 한다. 메타데이터를 이용하여 파기대상 정보 항목을 관리한다. 관리되어야 할 항목은 대상 테이블 목록 및 테이블별 파기 기준 등이다. 개인정보 파기 프로그램을 공통 프로그램으로 작성하고, 메타데이터 등록 만으로 파기 대상 데이터가 삭제될 수 있도록 한다. 데이터 삭제 처리는 로그로 관리하여 파기되어야 할 데이터가 모두 삭제되었는지 품질 검증을 통해 재확인하여 컴플라이언스를 준수한다.

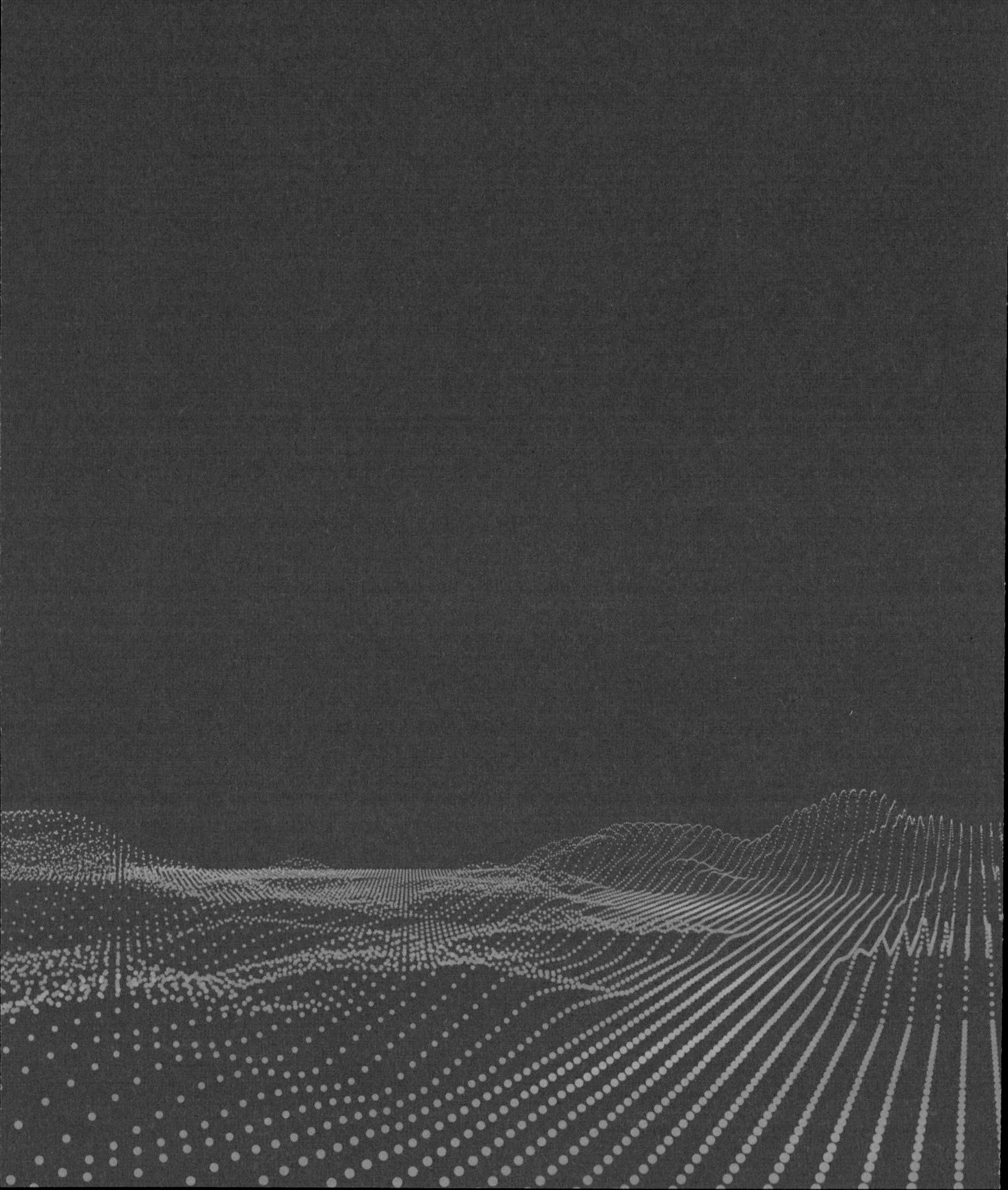

DIGITAL TRANSFORMATION

5

데이터 활용성을 극대화하는 거버넌스 전략

데이터 및 데이터 분석을 위한 거버넌스

2020년 가트너는 기업을 대상으로 '데이터 및 분석 거버넌스를 통해 지금까지 어떤 결과를 얻었나?'라는 설문조사 결과를 발표했다. 설문 결과에 따르면, 대부분 기업에서 데이터 거버넌스가 효율적이라는 결과를 보여주지 않았다. 기업에서는 데이터 거버넌스가 중요하다고 인식하고 있지만, 효율적으로 운영하여 성과를 달성하기는 쉽지 않다는 것을 방증한다.

| 비효율적인 데이터 거버넌스의 결과 |

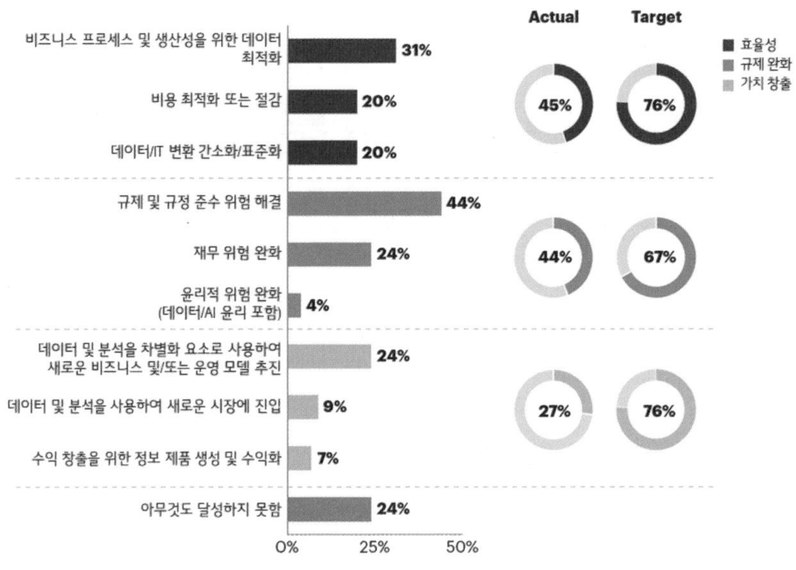

자료: 가트너, 2020

기업 조직의 모든 리더는 데이터가 중요하다는 사실을 알고 있다. 데이터 없이는 디지털 혁신을 기대할 수 없고 새로운 수익원을 창출하는 분석도 할 수 없을 뿐만 아니라, 기본적인 사업 운영도 어렵게 한다. 데이터가 비즈니스 영역에서 빛을 발하기 위해서는 데이터 자체가 고품질화되고, 이를 쉽게 이용할 수 있는 분석이 뒷받침되어야 한다. 즉 데이터 및 데이터 분석 거버넌스가 정착되어야 한다는 의미다.

그렇다면 CDP에서 데이터 거버넌스와 관련해 중요하게 다루어져야 할 항목은 무엇일까? 가장 먼저 보안 및 개인정보보호에 대한 규정 및 기업 정책을 준수할 수 있어야 한다. 데이터 거버넌스 정책은 국내의 개인정보보호법을 준수해 만들어진다. 데이터 3법 이후 데이터 산업이 촉진되고 있기는 하지만, 그에 따르는 규제사항도 강화되었기 때문에 컴플라이언스 준수가 무엇보다 중요해졌다.

두 번째는 데이터 활용 능력을 향상할 수 있어야 한다. CDP에서는 고객 경험을 높이기 위해 고객과 거래가 이루어지는 다양한 접점에서의 데이터를 수집하고 활용할 수 있도록 데이터의 일관성 및 데이터 엑세스를 통합 관리해야 한다. 이를 위해서는 메타데이터를 통합 관리해야 하고, 전사 차원의 데이터 거버넌스 정책과 기준을 적용해야 한다.

세 번째는 데이터의 품질관리다. 데이터 거버넌스를 통해 데이터 무결성, 데이터 정확성, 완전성 및 일관성을 보장해야 한다. 기업은 항상 비즈니스에 대한 성과지표를 관리하고 있는데, 이에 대한 오류 없는 측정과 관리를 위해서는 데이터 품질의 최적화가 반드시 필요하다. 예를 들어 데이터 리니지(Data Lineage: 특정 데이터가 어떤 시스템에서 생성되었고 어디에 저장되고 있는지, 이후 어떤 과정을 거쳐 어디에서 활용되고 있는지 등을 투명하게 관리하는 것) 도구는 데이터 소유자가 수명주기 동안 데이터를 추적하는 데 도움이 될 수 있고, 이를 통해 데이터 오류의 근본 원인을 확인해 처리할 수 있다.

고객 데이터에는 더 좋은 데이터가 필요하다

고객 데이터의 품질관리에는 전사 데이터 품질 요구사항은 물론, 고객 분석 관점의 품질 요구사항을 충족할 수 있는 데이터 품질 지표 정의가 필요하다. 데이터 품질 지표는 데이터의 사용 목적을 충족시키기 위한 기준으로, 데이터 결함을 최소화하기 위해 지속적인 품질 점검으로 관리되어야 할 평가 기준이다. 일반적인 데이터의 품질 요건을 만족시키는 품질 지표로는 일관성, 유일성, 유효성 등이 있다.

일관성은 데이터의 정합성 체크 항목으로 수집한 데이터가 원천 데이터와 동일해야 하고, 집계한 값이 원래 값과 동일해야 하는 지표들을 포함한다. 유일성은 테이블 내 유일한 값을 가져야 하는 지표로, 고객 마스터에서 고객번호의 유일성 점검이 대표적인 사례다. 유효성 지표 항목으로는 형식 유효성(e.g. 핸드폰 번호가 11자리 혹은 10자리의 형식을 잘 맞추어져 있는지 확인), 표준 코드를 준수하고 있는지의 표준 준수도 등의 지표들을 포함한다.

| 데이터품질관리 지표 |

데이터품질지표(DQI)기준			DQI 세부 유형		예시
전사 데이터 품질 지표	일관성 (Consistency)	값이 다른 데이터 항목과 모순되지 않아야 함	데이터 정합도	시스템 간 데이터 항목이 일치해야 한다.	시스템간 적재건수 확인
			계산 집계 일관성	계산/집계된 결과 관계를 준수해야 한다.	테이블간 고객수, 금액 확인
			참조 무결성	원천 기준의 상호 참조 관계를 준수해야 한다.	수리내역에 있는 모델코드가 모델마스터에 없는 경우
	유일성 (Uniqueness)	해당 항목은 유일하고 중복되면 안됨	단독 유일성	테이블 내 유일한 값을 가져야 한다	가입자마스터에 동일 가입번호 1건 이상
	유효성 (Validity)	데이터 모델 및 정책에 대한 정의, 설명 등이 명확하게 존재하여 의미의 혼동이 없어야 함	형식 유효성	값이 정해진 데이터 유효범위 및 형태를 충족해야 한다.	전화번호 포맷검증
			표준 코드 준수도	코드성 데이터는 코드 표준을 준수해야 한다.	공통코드 정의 항목비교
			표준 개체 준수도	메타데이터 개체 표준을 준수해야 한다.	개체 명명규칙 준수여부
			표준 항목 준수도	메타데이터 항목 표준을 준수해야 한다.	항목 명명규칙 준수여부
추가 품질지표	최신성 (Timeliness)	현행화 주기에 따라 변경 및 확인이 필요함	데이터 현행화	값이 갱신주기에 따라 현행화되어야 한다	최종 변경 시점 확인
	충실성 (Fidelity)	확보된 정보량이 고객 분석에 활용할 수 있는 수준으로 자산화 되어야 함	완전성	필수 항목에 값이 항상 채워져 있어야 한다.	제품구매정보에 제품코드가 없는 경우
			중점 항목별 양적 수준	고객정보 자산화 중점 항목별 보유량이 활용하기에 충분해야 한다.	전체 고객수 대비 고객정보 확보율
	표준화 (Standardization)	사용자 로그 정보에 대한 표준화	표준화	고객정보 자산화 측면의 고객행동정보 (행동 이벤트에 대한 표준화) 표준을 수립하고 준수해야 한다.	이벤트 카테고리 표준화

고객 분석 관점의 품질 지표 사례로는 최신성, 충실성, 표준화를 들 수 있다. 최신성은 데이터가 갱신주기에 따라 값이 갱신되고 있는지 확인하는 지표로, 더 이상 운영되지 않는 사업모델에 대한 데이터를 확인하는 데 사용할 수 있다. 디지털 시대에서 많은 서비스 앱이 나타나기도 하지만 사라지기도 한다. 기업에서도 다양한 서비스를 출시하지만, 사라지거나 통폐합되는 서비스도 많다. 더 이상 서비스되

지 않는 데이터는 고객 분석에 활용하지 말아야 하고, 새로 출시되는 서비스는 바로 활용할 수 있도록 최신성을 관리해야 한다. 충실성은 확보된 정보량이 고객 분석에 활용할 수 있는 수준인지를 확인해야 하는 지표다. 위치정보를 활용하여 고객 분석을 하고자 했는데, 막상 해당 테이블에 있는 위치정보 컬럼에 정보가 20%도 채워지지 않았다면, 이 고객 분석이 신뢰할 수 있는지 의문이 들 것이다. 표준화는 온라인 행동 정보에 대한 표준화가 대표적인 사례다. 고객 여정을 분석한다고 하면, 웹사이트의 페이지 정보가 고객의 여정 단계를 표시할 수 있어야 한다. 온라인 웹사이트나 모바일 앱은 수많은 페이지로 구성되어 있고, 지속적인 개편이 이루어져 많은 변경 사항이 발생한다. 이런 항목들이 표준화되어 관리되지 않으면 고객의 행동을 제대로 이해하지 못해, 고객에게 잘못된 오퍼나 화면을 제공해 고객의 짜증을 유발할 수도 있다.

개인정보보호와 보안

국내에서 최근 구글과 메타에 개인정보 불법 수집의 이유로 역대 최대 규모의 과징금을 부과했다는 소식이 알려져 온라인 맞춤형 광고 시장이 술렁이고 있다. 이용자 동의 없이 개인정보(이용자의 타사 행태 정보)를 수집하여 온라인 맞춤형 광고에 활용하는 등 개인정보보호법을 위반한 구글과 메타에 대하여 시정명령과 함께 약 1,000억 원의 과징금을 부과하였다. 개인정보보호위원회는 제15회 전체 회의를 개최하여 구글과 메타의 법 위반에 대해 심의하고, 이들 기업에게 위반행위 시정명령과 함께 구글에는 692억 원, 메타에는 308억 원의 과징금 부과를 의결했다. 이번 조사 및 처분은 온라인 맞춤형 광고 플랫폼의 행태 정보 수집 및 이용과 관련된 첫 번째 제재이자, 개인정보보호 법규 위반으로는 가장 큰 규모의 과징금이다.

이들 기업이 개인정보를 불법 수집해 이용한 사례를 들어보면, 페이스북 이용자가 페이스북에 로그인한 상태에서 겨울옷을 사기 위해 의류 쇼핑몰 사이트에서 검색한 경우, 이용자의 동의 없이 페이스북에 옷 광고를 집중적으로 띄우는 식으로 정보를 활용한 것이다.

고객 동의 관리

구글과 메타의 역대 최대 규모 과징금 부과를 통해 우리는 온라인 행태 정보의 활용에서도 개인의 동의가 필요함을 알 수 있다. 고객 동의 관리는 개인정보보호를 위해 중요하게 관리되어야 하는 영역이며, 여기에는 개인정보 수집 및 이용, 제3자 정보 제공 동의, 마케팅 수신 동의, 디지털 채널에서의 쿠키 동의 등의 항목들이 포함된다. CPM(Consent and Preference Management) 솔루션은 GDPR(EU의 일반 데이터 보호 규정)이 적용되는 유럽과 CCPA(캘리포니아주 소비자 개인정보보호법)가 적용되는 미국 캘리포니아주 중심으로 출시되고 있다. CPM 솔루션은 사용자에게 데이터 활용 동의 내역에 대해 스스로 관리할 수 있게 하는 것과(Self Management), 활용 동의에 대한 정보가 고객 접점에 연계되어 있는 모든 시스템에 연계되게 하는 것이 핵심 기능이다.

셀프 관리(Self Management)에는 웹사이트나 모바일 앱에서 쿠키 동의 화면 등을 포함하고 있다. 제시된 그림에서 볼 수 있듯이, 쿠키 동의 화면도 분석 쿠키, 개인화 쿠키, 맞춤형 광고 쿠키로 구분하여 항목별로 고객이 선별해서 동의할 수 있도록 기능을 제공해야 한다. 고객 동의가 갈수록 중요해지는 현재 상황에서 CPM 솔루션도 주목해서 확인할 필요가 있다.

| 여러 단계로 정보 제공 항목을 설정할 수 쿠키 설정 |

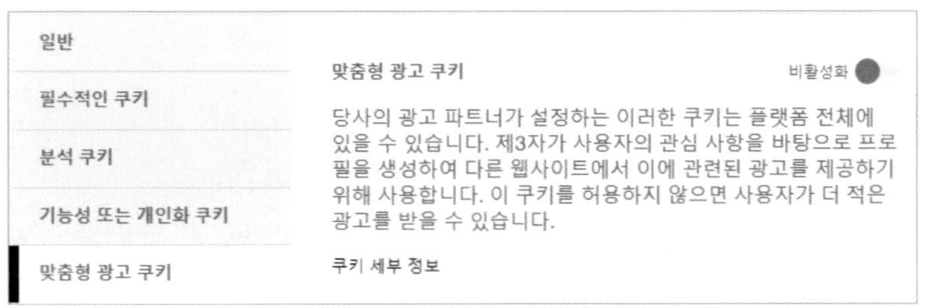

고객 동의를 받는 방식에는 옵트인(Opt-in)과 옵트아웃(Opt-out) 방식이 있다. 옵트인 방식은 정보 주체인 당사자에게 개인정보 수집·이용·제공에 대한 동의를 먼저 받은 후에 개인정보를 처리하는 방식이다. 옵트아웃은 정보 주체의 동의를 받지 않고 개인정보를 수집·이용한 후 당사자가 거부 의사를 밝히면 개인정보 활용을 중지하는 방식이다.

일부 기업들은 고객 경험 디자인에서 옵트아웃 버튼은 어둡게 디자인하여 눈에 잘 띄지 않게 하고, 옵트인 버튼은 이해하기 어려운 긴 목록이 있는 선택을 하는 화면에서 버튼이 항상 두드러지게 나타나, 그 버튼을 누르게끔 만든다. 이것은 원하는 응답을 유도하기 위한 일종의 노림수다. 하지만 이런 방식으로 고객을 유도하여 데이터를 수집·활용하는 것은 근절되어야 한다. 명확하게 고객의 동의를 얻어 데이터를 활용해야 하고, 고객이 원하면 데이터를 삭제할 수 있는 '잊혀질 권리'를 보장해야 하는 것도 기업의 의무다.

개인정보 라이프 사이클(Life Cycle)

개인정보에도 라이프 사이클(Life Cycle)이 있는데, 개인정보를 수집해 저장하고, 그 정보를 이용 후 파기하는 전반의 과정을 말한다. 기업은 개인정보 라이프 사이클에서 단계별로 필요한 보호조치를 적용해 정보 유출 차단, 해킹 방지 등 개인정보를 완벽히 보호해야 한다. 개인정보 라이프 사이클 단계별로 기업이 조치해야 할 일반적인 사항에 대해 살펴보자.

우선 수집 단계에서는 개인정보 항목을 정의하고 개인정보 유형별로 별도의 처리를 해야 한다. 개인정보 유형은 기업의 보안정책과 법무 검토에 따라서 적절한 방안을 정의해야 하고, 데이터 수집 연계를 위한 네트워크 보안을 적용해야 한다.

저장단계에서는 개인정보 항목을 Secure Zone에 분리해 저장하고, 허가된 최소 인원만 접근하도록 조치해야 한다. 스토리지 암호화를 통해서 전체 데이터를 보호해야 하고 일반영역에서의 식별키는 암호화해서 적용해야 한다.

개인정보를 이용하는 단계에서는 사용자의 역할에 따라 권한 부여와 접근 통제를 실시한다. 분석가의 경우 분석에 필요한 최소한의 개인정보만을 선별해 권한을 부여하고, 마케터의 경우 마케팅 수행 시 필요한 개인정보(SMS로 마케팅에는 전화번호, 이메일 마케팅에는 이메일 주소만 제공)만으로 권한을 부여해야 한다. 개인정보처리자는 접근환경 통제를 강화해, 근무환경을 통제할 수 있는 통제 구역에서만 접근할 수 있도록 한다. 그리고 모든 사용자에 대한 개인정보 접근 로그도 보관해야 한다.

개인정보 파기 단계에서는 파기 대상 고객 목록을 관리하고, 파기 대상 고객의 정보는 완벽히 삭제해야 한다.

| 개인정보 Life Cycle에 따른 보호조치 |

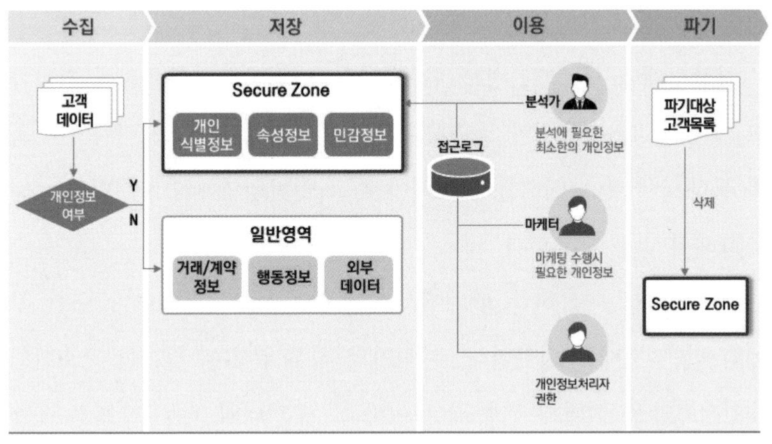

고객이 동의한 약관에 명시된 개인정보의 보관 기한 종료에 해당하는 고객의 목록을 확인해, 대상 고객의 개인정보는 즉각 파기해야 한다. 개인정보 파기는 컴플라이언스에서 중요한 절차이므로, 개인정보 파기 프로그램을 메타데이터로 관리하는 것이 효율적이다. 메타에 등록하는 데이터는 파기 대상 테이블 및 테이블별 파기를 위한 기준 컬럼 정보다. 메타 등록만으로 파기 대상이 추가될 수 있도록 공통 프로그램을 통해 관리할 수 있다.

개인정보보호에 대한 사회 보편적 가치, 데이터 윤리(Data Ethics)

◆ AI 챗봇 '이루다'

일상적인 대화를 나눌 수 있는 인공지능 챗봇 '이루다'는 2020년 12월 출시되어 10~20대 사이에서 빠르게 유행되었다. 이루다는 페이스북 메신저를 통해 말을 걸면 실제 사람과 대화하는 AI 챗봇이다. 의성어나 신조어를 자연스럽게 섞어 쓰고 감정을 표현하거나 이용자를 놀리기도 하는 등 친근한 어투로 생동감 있는 대화를 구사해 Z세대 사이에 높은 인기를 구가했다. 그러나 출시 3주 만에 성희롱, 장애인 및 동성애 혐오, 개인정보 유출 등 윤리적 논란이 계속되었다. 일부 이용자가 여러 온라인 커뮤니티 게시판에 '이루다 성노예 만드는 법' 등의 제목으로 이루다와 성적 대화를 나눈 경험담을 공유하면서 논란이 되었고, '레즈비언' 등 동성애 관련 단어에 "진짜 싫다, 혐오스럽다, 질 떨어져 보인다, 소름 끼친다"라고 답하는 모습을 보이며 차별·혐오 논란을 가중했다. 이루다가 채팅 대화를 위해 학습한 것은 앱 사용자들이 실제로 주고받은 말뭉치 데이터였다. 그런데 말뭉치 데이터에서 장애인이나 성소수자를 차별하는 표현과 개인정보를 추정할 수 있는 데이터를 걸러내지 못하자 윤리성 논란이 불거진 것이다. 논란 끝에 이루다 서비스는 중단되었지만, 이루다 사태는 AI

윤리에 대한 논의를 가열시켰다.

◆ 유나이티드 헬스그룹(UnitedHealth Group)의 옵텀(Optum)

유나이티드 헬스그룹(UnitedHealth Group)의 계열사인 옵텀은 각종 의료 정보 및 서비스를 제공하는 솔루션 업체로 집중 케어가 필요한 고위험군 환자를 예측하는 솔루션을 50여 개 병원에 제공했다. 그런데 이 솔루션에서 사용하는 알고리즘이 흑인 환자들을 차별했다는 사실이 과학저널 사이언스에 발표되자, 인종 차별 논란이 불거졌다. 옵텀의 알고리즘은 의료진들이 흑인 환자보다 백인 환자에게 추가적인 헬스케어와 관심을 기울이도록 표시했는데, 그 판단 기준은 지출된 의료 비용이었다. 알고리즘 개발자는 환자들의 인종을 전혀 고려하지 않고 알고리즘을 설계했기 때문에 흑인 환자들의 의료 비용 지출이 적다는 특성을 반영하지 못했다. 개발자가 알고리즘을 바로잡자 추가적 헬스케어가 필요한 흑인 환자들의 비중은 18%에서 47%로 급증했다. 자동화된 알고리즘이 사람들에게 편리함을 제공하지만, 인간의 편견을 반영하여 인종 차별적인 결과를 초래한다는 대표적인 사례다.

◆ 페이스북 스캔들: 케임브리지 애널리티카 정보 유출 사건

페이스북은 2016년 미국 대선 당시 회원 5,000만 명의 개인정보 유출을 방조했다는 의혹이 일파만파 커지면서 창사 이래 최대 위기를 겪었다. 사건의 발단은 영국에 기반을 두고 있는 데이터 분석 기업 케임브리지 애널리티카(CA)가 미국의 선거 기간, 페이스북에서 회원 정보를 불법으로 유출해 당시 공화당 후보였던 도널드 트럼프 후보를 지원하는 데 활용한 것이 알려지면서다. 케임브리지 애널리티카는 페이스북을 통해 성격 검사 앱을 배포하여 27만 명의 페이스북 이용자를 모집했다. 그런데 애널리티카는 모집한 이들의 친구 목록을 통해 5,000만 명의 개인정보를 수집하고 이를 분석하여 트럼프 캠프에 전달한 것이다. 내부자가 이 사실을 폭로하자, 페이스북의 데이터 정책에 비난이 쏟아졌고 페이스북의 시가총액은 700억 달러나 폭락했다. 연방거래위원회는 소비자 프라이버시 보호에 미흡했다는 이유로 페이스북에게 50억 달러의 벌금을 부과했다. 케임브리지 애널리티카는 데이터 스캔들 이후 파산하고 말았다. 페이스북은 50억 달러 벌금에 이어, 최근에서야 피해자들과도 보상에 합의했다.

3가지 사례에서 알 수 있듯이 데이터의 활용에도 옳고 그름의 가치 판단이 필요하다. 고객 데이터가 비약적으로 증가하고 이를 활용함으로써 비즈니스에 새로운 가능성을 열어주고는 있지만, 한편으로는 데이터의 오남용, 활용상의 도덕적 이슈 등의 리스크도 확장되고

있는 것이다. 개인정보보호 법규의 준수를 넘어, 사회적으로 높아지는 정보보호의 기대를 만족시키는 보편적인 가치, 즉 데이터 윤리의 적용이 필요한 시점이다. 법이나 규제는 사회 구성원이나 기업들이 지켜야 할 강제적 사항이지만, '윤리'라는 것은 선(善)을 실현시킬 목적으로 스스로 지키는 자율적 규범이다.

기업은 데이터 윤리 원칙을 규정하고 공표해 고객 데이터의 윤리적 이슈를 최소화하고 고객과의 신뢰를 강화하기 위해 노력해야 한다. 또 데이터의 책임 있는 수집 및 사용, 공유와 관련된 도덕적 가치와 원칙을 세워서 올바르게 활용하여 고객과 기업 모두에게 선(善)한 결과를 창출할 수 있도록 해야 한다.

글로벌 선도 식품 회사인 네슬레(Nestle)는 다음과 같은 6대 데이터 윤리 원칙(Data Ethics Principles)을 세우고 전사 직원들이 이 원칙에 입각하여 데이터를 수집하고 활용하도록 장려하고 있다.

1) Environmental and social well-being (환경 및 사회적 웰빙)

- 현지 법률 허용 범위 내에서 개인정보를 보유해야 한다
- 데이터 사용시 개인과 사회에 미치는 부정적 영향을 최소화해야 한다

2) Transparency (투명성)

- 데이터의 활용 목적과 활용한 데이터를 명확히 하여야 한다

3) Diversity, non-discrimination and fairness
(다양성, 비차별 및 공정성)

- 데이터에 대한 제한성, 그리고 차별성 및 편향성을 이해해야 한다

4) Privacy and security (개인정보 보호 및 보안)

- 단순히 법적으로 허용되는 것을 하는 것이 아니라 올바른 일을 해야한다
- 데이터를 안전하게 보호해야 한다

5) Accountability(책임성)

- 우리의 행동에 책임을 져야 한다

6) Technical robustness(기술적 견고성)

- 데이터의 품질, 무결성 및 접근성을 확보해야 한다

또다른 선진기업들은 '데이터 윤리 위원회(Data Ethics Board)'를 운영하며 고객 데이터 활용 전반에 대한 윤리적 원칙을 세우고, 이슈 발생 시 원칙 준수 여부를 윤리 체크 리스트를 통해 테스트/관리하며, 이 과정에서의 교훈(Lessons Learned)을 다시 원칙에 반영하는 활동을 전개해나가고 있다. 이때, 원칙 준수 여부에 대한 윤리적 판단이 모호할 수 있기 때문에, 해당 안건에 대한 기업의 활용도와 고객의 프라이버시 존중 사이의 트레이드오프(Trade-off : 어떤 하나를 얻기 위해서는 반드시 다른 하나를 희생하거나 포기해야 하는 서로 맞교환 해야하는 관계)를 구체화하여 판단의 기준으로 세울 필요가 있다.

데이터 윤리는 일반적인 사회의 도덕과 윤리가 자리잡는 데 오랜 시간이 필요한 것처럼, 기업 문화적으로도 하루아침에 정립될 수는 없다. 각 기업 상황과 환경에 맞는 원칙을 세우고, 이를 기반으로 데이터 윤리가 잘 적용된 사례를 평가함과 더불어 데이터 윤리 리스크가 존재하는 활용 시나리오를 식별하여 특별 관리하며, 이 모든 것을 개인정보보호 관련한 교육 프로그램의 한 축으로 만들어 지속적으로 운영할 필요가 있다. 이 교육에서는 정형적인 정답이 있을 수는 없겠다. 왜 데이터 윤리 이슈가 발생하는지, 왜 기업의 비즈니스 기회와 고객의 프라이버시 침해 사이의 균형이 중요한지 등을 마음속 깊이 이해할 수 있게 하고, 구성원들 스스로가 바람직한 데이터 활용법에 대해 성찰하도록 하며, 이를 조직문화적으로 자리잡게 하는 것이 이 교육의 목적과 방법이 되어야 할 것이다.

고객 중심 디지털 전환을 가능하게 하는 조직 문화

앞서 간단히 언급한 내용이지만, CDP와 고객 데이터를 활용하려는 목적이 세워졌고 기술적으로 꽤 괜찮은 플랫폼 구현되었더라도, 이것이 성공적으로 도입되었다고 하지 못하는 경우가 분명히 존재한다. 그 이유로 가장 많이 언급되는 것이 조직과 인력에 관련된 문제다.

CDP를 리딩하는 조직의 역할이 전사적으로 모호하거나 임파워먼트(Empowerment)가 크지 않은 경우, CRM 등 기존 데이터 관련 유사한 역할을 하는 조직과의 R & R이 불명확한 경우, 데이터의 수집부터 활용까지의 과정에서 조직 간 유기적인 협업이 잘되지 않는 경우, 플랫폼 운영자와 분석가, 엔지니어, 기획가 등의 R & R이 부정확할 경우, 직무별 인적 역량 자체가 미흡한 경우 등 쉽게 해결할 수 없는 이 모든 문제가 CDP의 성공적인 도입을 저해하는 요소들이다. 그렇다면 CDP의 성공적인 도입을 위해 조직과 인력의 관점에서는 어떤 방향성을 가져야 할까?

조직 전반의 혁신이 고객 중심 디지털 전환을 이끈다

◈ CDP 기반 디지털 전환 리딩 조직에의 믿음과 Empowerment

CDP 기반 데이터 중심 조직으로의 성공적인 혁신을 위해서는 중장기 관점의 목표에 대해 전사의 공감을 얻어야 하는 것이 기본 중 기본이다. CDP는 단순히 마케팅에 필요한 데이터를 만들어주는 차원이 아니라, 대고객 비즈니스 전반의 초개인화와 생산성 혁신을 위해 전사가 협력해야 하는 프로젝트이기 때문이다.

우선 전사 차원에서 CDP와 고객 데이터를 회사의 핵심 자산으로 생각해야 하고, 데이터 수집부터 활용까지의 전 과정을 모두가 함께 추진해야 하는 것으로 여기는 분위기가 조성될 필요가 있다. 그런 후에는 CDP를 리딩하는 조직이 어디든 간에 단계적인 명확한 미션을 부여해야 한다. 특히 초기 단계의 미션은 조직 차원에서 단기적이나

마 강하게 힘을 실어주는 것이 필수적이다. 회사에는 데이터 생성과 활용에 관련된 수많은 조직이 존재하는데 아무리 전사 목표를 공동으로 추구한다고 하더라도, 조직별로 세부적인 이해관계는 서로 다를 수밖에 없다. 그래서 크든 작든 반드시 협력의 어려움이 생길 수밖에 없는데, 협력 체계가 제대로 작동될 때까지는 CDP 리딩 조직이 협력을 이끌어나가는 것이 필요하다.

◆ 각 부서들의 전향적 협력 메커니즘

협력의 어려움을 조직 간의 힘의 관계로 풀고자 하면, 진정한 협력 체제를 구축할 수 없다. 전향적 협력 메커니즘은 CDP를 리딩하는 조직이 그만큼 적극적인 자세와 동기부여를 갖게 하여 추진 동력을 키우고, 협력 조직들은 수동적 대응이 아닌, 함께하지 않으면 도태될 수 있다는 절박함을 가지고 능동적으로 업무를 공동 수행할 수 있는 분위기를 만들어야 한다는 의미다.

사실 조직 간 협력의 이슈는 말처럼 쉽게 풀 수 있는 일은 아니다. 구호로만 그치지 않은 진정한 협력 체제를 마련하기 위해서는 제도적인 측면에서의 지원이 필요하다. 대표적으로 협력이 필요한 조직들을 대상으로 공동 KPI를 부여하는 방법이 있다. 한 대형 금융 그룹의 경우, PB(Private Banking) 사업에 대해 은행과 증권사가 경쟁적으로 운영하며 서로 견제하던 것을 PB센터 하나로 통합하여 공동 운영하게 했다. 센터 전체의 성과를 기준으로 양사를 평가하는 체계로 변경했더니 협력을 극대화할 수 있었다고 한다.

이처럼 CDP를 구축하고 운영할 때, 데이터를 수집·분석하고 비즈니스에 활용하는 전 과정에서 서로 중복된 미션을 가진 조직적 구조를 파악해 공동 KPI를 설계하고 운영하는 것을 검토할 필요가 있다.

◆ CDP를 리딩하는 조직의 전략적 선택과 운영

CDP를 리딩하는 조직에 영향력을 보장하고 디지털 전환을 위한 협력 구도의 중심 역할을 부여하기 위해서는 조직의 선정도 전략적으로 접근해야 한다. 앞서 설명했던 4개의 CDP 유형을 보면 그 활용의 목적과 범위가 각기 다른데, CDP 도입을 검토하는 기업은 리딩 조직 설계에 이를 참고하면 유용할 것이다. CDP 솔루션 유형을 다시 한번 간단히 요약하면 다음과 같다.

1) 마케팅 클라우드 CDP:

대형 클라우드 벤더의 CDP로, 데이터 수집부터 다양한 마케팅 실행까지 모두 지원

2) CDP 엔진 및 툴킷:

IT나 데이터 관리 중심의 핵심 기술을 제공

3) 마케팅 데이터 통합 CDP:

고객 싱글 뷰 구현을 중심으로 마케팅 실행 기반 제공

4) CDP 스마트 허브:

마케터가 직접 활용할 수 있는 개인화 마케팅 기반 기능을 제공

이를 CDP를 도입하려는 목적과 이에 맞는 관리 조직 유형에 반영해보면 다음과 같은 매트릭스를 도출할 수 있다.

| CDP 리딩 조직의 선정 매트릭스 |

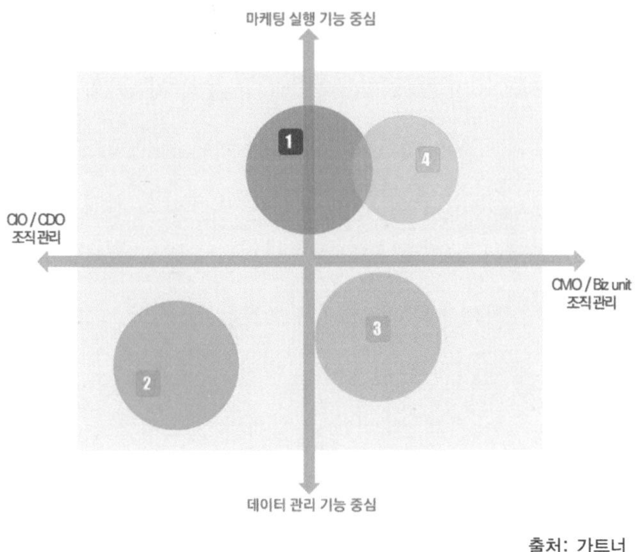

출처: 가트너

CDP를 데이터 수집 및 통합과 같은 관리의 관점에서 바라보고 있는 기업은 그에 맞는 CDP를 선정하거나 개발하여 CIO나 CDO 관련 조직이 리딩하는 것이 바람직하다. 그리고 상대적으로 데이터 활용이라는 목적을 크게 가지고 있는 조직이라면 이에 해당하는 유형의 CDP를 구현하여 CMO나 사업조직에 역할을 맡기는 것이 좋다.

도입 초기에는 아예 CEO나 CSO 직속으로 디지털 트랜스포메이션 전담 조직을 신설하여 운영하면서, IT, 마케팅, 고객 서비스 혁신 등 다양한 분야의 데이터 전략을 총괄하는 경우도 있다. 각 기업의 전략적 방향과 상황에 맞는 조직 설계에 참고할 필요가 있다.

◆ CDP 전담 조직의 미래지향적 구성

CDP를 전담하는 조직을 구성할 때는 크게 세 가지 기능의 확보를 고려할 필요가 있다. 첫 번째는 CDP 기반 비즈니스 관점의 전략 수립 기능이다. CDP는 고객 경험 개선과 비즈니스 성장을 위한 핵심 도구인데, 이 2개의 전략적 미션은 기업의 체질과 일하는 방식의 혁신이 수반되어야 하기 때문에 단기적으로는 궁극의 성과로 나타나기 힘들고 다분히 중장기적 관점에서 실행될 수밖에 없다. 따라서 CDP 구현 초기에는 기능 관점, 데이터 관점에서 반드시 모든 것을 완벽히 할 필요는 없을 수 있고, 고객 경험과 비즈니스의 중장기 전략 로드맵을 놓고, 이에 따른 CDP의 단계적 진화 전략을 세워 차근차근 고도화하는 것이 필요하다.

좀 더 구체적으로 이야기하면, CDP에 통합이 필요한 데이터의 식별 및 수집 전략 수립, 데이터 및 사업 제휴를 위한 기업 및 기관 파트너십 추진, CDP를 통한 데이터 활용 체계 전략 수립, 이를 위한 마테크(Mar-tech) 등 CDP 연계 시스템의 확대 전략 수립 등 CDP의 가치를 만들어 내기 위한 전략적 활동들이 이 기능의 역할이다. 또한, 이러한 모든 것의 근거가 되는 고객 데이터와 데이터 드리븐 비즈니스 시장 환경의 트렌드를 상시 조사하는 역할도 수행해야 한다.

두 번째는 CDP를 기술적으로 총괄하는 기능이다. 전략이 아무리 잘 세워졌다고 해도 기술적으로 그것을 떠받치지 못하거나, 구현해 내는 데 있어 시간이나 비용이 너무 많이 든다면 큰 의미가 없다. 또한 CDP가 기본적으로 수행해야 하는 네 가지 역할(데이터의 실시간 수집, 개인 기준의 데이터 통합, 통합 데이터 기반의 세그멘테이션, 그리고 실행 시스템과의 인터페이스)도 기술적으로 뒷받침되지 못하면 데이터가 수집될 때 일부가 누락되거나 품질이 떨어지게 된다든지, 실시간의 요건을 만족하지 못한다든지, 고객 개인 단위의 통합 시 일부 데이터를 적용하지 못한다든지 하는 다양한 문제가 발생할 수 있다. 따라서 CDP에 대한 완벽한 기술적 이해를 가지고 데이터 프로세싱이나 CDP의 고도화 개발, 타 시스템과의 연계 개발 등을 수행하며, 이 시스템들의 상시 운영까지 담당하는 조직적 기능이 필요하다. 이를 좀 더 미래지향적으로 구현해 내기 위해서는 타 솔루션이나 관련 기술 동향에 대해서도 깊은 관심을 가지고 리서치하거나 벤치마킹 하는 등의 활동도 필수적이다.

데이터 거버넌스 관점에서는 조직적, 프로세스적 거버넌스는 앞에서 제시한 전략 기능이 담당할 수 있으나, 데이터 품질, 데이터 리니지 등 데이터의 기술적 거버넌스의 기획과 관리는 CDP 운영 및 기술 기능 조직에서 리딩해야 한다. 또한 이러한 거버넌스 작업은 사람의 손이 많이 가는 타임 컨슈밍(Time-consuming)한 업무이기도 하여, 거버넌스와 관련된 IT솔루션 도입을 비용 대비 효과 관점에서 검토하여 적용하는 역할도 수행한다.

마지막으로 세 번째는, CDP와 CDP로 통합한 고객 데이터를 실제 가치로 전환하기 위한 컨설팅과 분석 기능을 들 수 있다. CDP와 고객 데이터는 결국 마케팅, 비즈니스 및 채널 운영, 고객 서비스, 상품 개발 등의 현업부서가 고객 경험과 비즈니스의 혁신 측면에서 잘 활용해야 그 가치를 입증할 수 있다. 그런데 현업들은 보통 본인들의 업무 관점에서 시스템은 어떻게 활용해야 할지, 데이터 분석을 통한 인사이트로 어떤 문제를 해결해야 할지, 그 분석은 본인들 스스로 해야 하는 건지, 이러한 것들이 정말 얼마나 효과를 발휘하게 될지 등 수많은 의문을 가질 수밖에 없다. 이에, 현업과의 밀착 협업을 통해 분석 과제나 활용 시나리오를 도출하고 성과를 가늠해 보는 컨설팅 기능과, 실제 통계든 머신러닝이든 분석 기법을 활용하여 데이터 분석을 통한 인사이트 도출에 집중하는 분석 기능이 함께 존재해야 한다. 현업의 니즈 기반으로 수행해야 하는 일들과 별도로, 전사 관점의 디지털 트랜스포메이션 측면에서 새로운 문제를 발굴하여 데이터 기반의 PoC(Proof of Concept)를 실행하고, 이를 전사 현업 조직으로 확산 전개하는 역할도 수행할 수 있으면 조직적 기반이 더욱 공고해질 수 있다.

이러한 주요 세 가지 조직 기능 외, 고객 데이터를 통한 디지털 트랜스포메이션을 전사 관점에서의 일하는 문화로 전파시켜 나가기 위한 변화관리 기능도 CDP 전담 조직이 반드시 가져가야 하는 중요한 일이다. CDP 전담 조직의 필수적 기능들을 실제로 어떻게 조직적으로 구성할 것인지에 대해서는, 각 기업마다의 전략적 중요도나 전체적인 조직적 R&R의 상황 등을 면밀히 살피고 그에 맞게 규모나 세부 역할, 그리고 KPI 등을 정해 나가면 될 것이다.

| CDP 전담 조직의 기능 예시 |

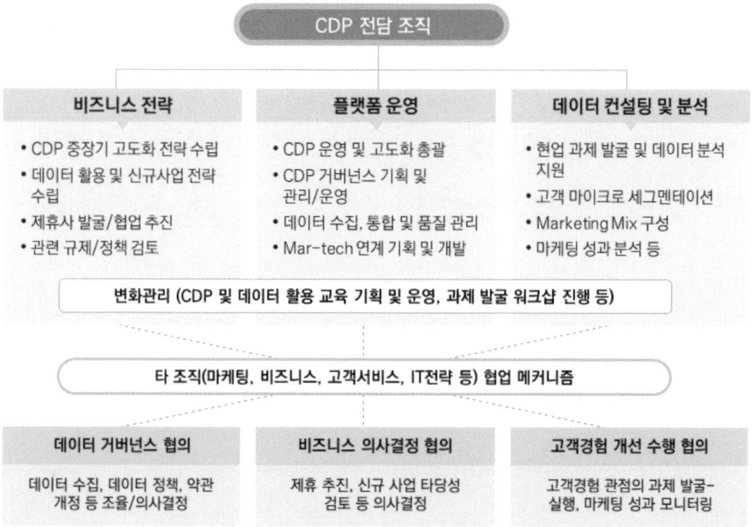

CDP 전담 조직

비즈니스 전략	플랫폼 운영	데이터 컨설팅 및 분석
• CDP 중장기 고도화 전략 수립 • 데이터 활용 및 신규사업 전략 수립 • 제휴사 발굴/협업 추진 • 관련 규제/정책 검토	• CDP 운영 및 고도화 총괄 • CDP 거버넌스 기획 및 관리/운영 • 데이터 수집, 통합 및 품질 관리 • Mar-tech 연계 기획 및 개발	• 현업 과제 발굴 및 데이터 분석 지원 • 고객 마이크로 세그멘테이션 • Marketing Mix 구성 • 마케팅 성과 분석 등

변화관리 (CDP 및 데이터 활용 교육 기획 및 운영, 과제 발굴 워크샵 진행 등)

타 조직(마케팅, 비즈니스, 고객서비스, IT전략 등) 협업 메커니즘

데이터 거버넌스 협의	비즈니스 의사결정 협의	고객경험 개선 수행 협의
데이터 수집, 데이터 정책, 약관 개정 등 조율/의사결정	제휴 추진, 신규 사업 타당성 검토 등 의사결정	고객경험 관점의 과제 발굴-실행, 마케팅 성과 모니터링

전략의 실행은 결국 사람의 몫이다

이번에는 관점을 옮겨 사람을 중심으로 디지털 전환을 살펴보자. 디지털 전환의 모든 과정에는 사람이 있다. 고객을 중심으로 디지털 전환이 이루어져야 함은 물론이고, 실행 전략의 수립 과정에도 회사의 임직원이라는 사람이 그 중심에 있다.

2022년 초 국내 굴지의 금융사에서 프로젝트를 진행할 때, 데이터 거버넌스 관련 담당 임원과 이야기를 나눌 기회가 있었다. 필자가 보기에는 데이터 활용 수준이 다른 업계보다 훨씬 높아 보였는데도 불구하고, 여전히 조직 구조나 인적 역량에 대한 직무 구분, 정확한 R & R 및 육성 체계 등은 해결하기 어려운 문제라고 했다. 사실 기업에서 데이터와 관련한 업무를 진행하는 사람들은 대부분 위와 같은 어려움을 호소하고 있다. CDP의 성공을 위해 합리적인 모습으로 조직 구조가 만들어졌다면, 인적 역량은 어떻게 육성하고 운영 및 관리해야 하는지 살펴보기로 하자.

◆ CDP와 데이터 관련 업무의 체계적 정비

데이터 활용에 대한 기업들의 수준이 점차 높아지면서 글로벌 선도사에서는 이와 관련된 직무를 좀 더 세분화하여 인력을 배치 및 운영하고 있다. 데이터 전문가는 기본적으로 데이터 분석가(Data Scientist)와 데이터 엔지니어(Data Engineer)로 구분할 수 있다. 데이터 분석가는 기본적으로 어떠한 문제를 해결하기 위해 통계나 머신러닝 등의 기법을 이용해 데이터에서 인사이트를 찾는 데 집중하는 전문가이고, 데이터 엔지니어는 정형/비정형 데이터를 수집하고 이를 분석에 사용될 수 있도록 가공하거나, 데이터 웨어하우스(Data Warehouse), 데이터 레이크(Data Lake), CDP 등 데이터 관련 시스템을 구축하는 전문가다.

최근 시장에서는 이 두 직무를 굳이 구분하지 않고 '데이터 사이언티스트'로 통칭하여 부르기도 한다. 대다수 성공한 스타트업은 론칭 초기에는 다방면에 스킬을 가진 소수의 직원이 모든 업무 영역을 담당하며 사업을 키워낸다. 데이터 업무도 마찬가지로, 데이터 전문가라면 엔지니어링이든 분석이든 업무 영역을 가리지 않고 해내야 존재 가치가 증명된다.

그러나 어느 정도 규모가 있는 회사의 경우는 상황이 다르다. 일부 데이터 분석가들은 분석을 위해 필요한 데이터의 수집과 가공 처리는 본인들의 업무가 아니라고 생각하기도 하고, 또 일부 데이터 엔지니어들은 현업이 필요한 인사이트까지 본인들이 챙길 수는 없다고 하는 경우도 종종 있다. 최고의 요리사를 떠올려보자. 그들은 식재료를 직접 눈으로 보고 구매한다. 또 식재료를 직접 씻고 최적의 형태로 다듬어서, 조리의 과정을 거쳐 데코레이션을 포함한 플레이팅(Plating)까지 스스로 해낼 수 있다. 이와 마찬가지로 데이터 분석가는 데이터의 처리와 가공을, 데이터 엔지니어는 분석을 통한 인사이트 도출을 이상적인 수준은 아니더라도 어느 정도 해낼 수 있으면 시장에서의 가치는 훨씬 더 커질 수 있다.

데이터 컨설턴트(Consultant), 데이터 애널리스트(Analyst) 등의 직무도 존재한다. 이들은 현업이 비즈니스에 데이터를 활용하는 데 유스케이스 시나리오를 함께 검토해준다. 또 시나리오의 실행과 성과 분석 과정에서는 현업 및 분석가, 엔지니어의 밀착 협업 구도에서 중심축으로의 역할을 수행한다. 따라서 이들에게는 데이터 엔지니어링은 물론, 분석 업무의 상세 개념과 데이터가 활용될 영역의 도메인 지식(Domain Knowledge), 그리고 문제 해결(Problem Solving) 역량이 필수적이다.

이 외에도 최근 선진사에서는 데이터 스튜어드(Data Steward)라고 해서 현업 관점에서의 데이터 관리 역할을 따로 두는 경우가 많다. 현업, 즉 마케터나 사업조직의 비즈니스 담당자들의 업무에 데이터 활용이 필수적이지만, 이들은 데이터를 수집 및 관리하는 주체는 아니다. 그래서 필요한 데이터가 어디에 저장되어 있는지, 그 데이터는 믿을 만한 것인지, 어떻게 접근하는지 등에 대해 항상 질문을 던질 수밖에 없다. 이에 대한 효과적인 대응 및 전사 데이터 거버넌스의 일관성 있는 관리를 위해 데이터 스튜어드를 두는 것이다. 이들은 중앙의 데이터 거버넌스 총괄 조직과 밀접하게 협업하며 현업 영역에서의 데이터 활용에 대한 가이드를 제시하고, 거버넌스 정책을 준수하는지 모니터링 역할을 수행한다.

◆ 역량의 자발적 육성과 데이터 활용이 당연한 문화 조성

기업의 데이터와 관련된 역량 수준은 디지털 전환 시대의 핵심 경쟁력을 보여준다. 그래서 최근 기업들은 데이터 전문가들뿐만 아니라, 모든 임직원을 대상으로 데이터에 대한 역량 육성에 큰 관심을 기울이고 있다.

맞춤형 교육 프로그램

데이터 역량을 육성하는 체계로 가장 먼저 교육 프로그램을 들 수 있다. 임직원들의 데이터 활용 목적과 범위가 서로 다르기에 교육 프로그램도 다양한 목적에 맞게 맞춤형으로 설계하여 운영할 필요가 있다. 데이터 관련 직무에 대해서는 전문성을 높이기 위한 기술적인 In-Depth 교육 프로그램을 제공하고, 마케터 등 현업에게는 기본적인 데이터 추출이나 시각화 대시보드 구현 등 본업의 생산성을 높이기 위한 프로그램을 마련해야 한다. 이와 더불어 고객 경험이나 사업 성과를 극대화하기 위한 데이터 활용 시나리오 도출 방법론 등의 심화 교육도 제시할 수 있다.

경영진이나 스텝(Staff) 조직을 포함하여 모든 임직원에게는 주기적으로 시장이나 기술 트렌드, 베스트 프랙티스(Best Practice) 등을 공유하여 자연스럽게 아이디어를 확대할 기회를 열어주는 것이 필요하다. 데이터 자체나 분석에 대한 결과를 비즈니스 관점으로 해석할 수 있는 데이터 리터러시(Data Literacy)에 대한 프로그램도 시행하면 좋다.

실행 중심의 특화 육성 이벤트

교육 프로그램은 일방적인 강의 형식보다는 실습을 통해 실행에 대한 감각을 익히게 하는 것이 훨씬 더 효과적이다. 또한 교육과는 결이 조금 다르지만, DBS 사례의 해커톤처럼 특정 비즈니스를 위한 데이터 활용의 End-to-End를 직접 경험할 수 있게 하고 성과에 대한 보상도 받을 수 있는 이벤트를 정기적으로 개최하는 것도 좋은 육성 방안이 될 수 있다. 이 같은 이벤트는 조금은 딱딱한 강의나 실습보다는 임직원들의 자발적인 참여가 가능하다는 점에서 의미가 있다. 또 조직적 문화로 형성되면 참여하지 않은 임직원들이 데이터에 관심을 가질 수 있게 할 수도 있어 그 효과는 생각보다 클 수 있다.

임직원들의 자발적 참여 체계

임직원들의 자발적인 역량 향상 의지를 북돋아 줄 수 있는 또 다른 강력한 방안으로는 자격증 취득 우대 제도를 들 수 있다. 데이터 엔지니어링, 분석 모델링, 통계, 시각화 등에 대해 사내 자격증 제도를 만들어 운영하거나, 외부의 공인 자격증을 이용해서 일정 수준 이상의 자격을 취득한 임직원들에게 금전적·인사적 혜택을 제공하면 자발적인 학습을 유도할 수 있다. 외부 자격을 고려할 때는 IBM, MS 등 글로벌 기업에서 많이 활용하고 있는 디지털 배지(Digital Badge) 프로그램 참여를 검토할 수도 있다. 역량 수준별로 차별적인 디지털 배지를 부여받는 이 프로그램은 온라인 교육 공개 플랫폼인 Credly나 MooC 등과의 제휴를 통해 진행할 수 있다.

데이터 활용이 당연한 문화

CDP와 데이터 중심의 조직 문화로의 변화는 하루아침에 이루어지지 않는다. 새로운 것에 대한 저항은 사람과 조직의 본성이기 때문에 적극적인 변화관리에 대한 노력이 동반되지 않으면 변화와 혁신은 절대 성공할 수 없다.

조직 문화와 일하는 방식은 리더십으로부터 파생되어 정착되기 마련이다. 데이터 기반 조직 문화의 변신도 마찬가지다. 최고 경영진이 혁신에 앞장서고, 그 의지가 중간 관리자에게 전달되면서 다시 실무진들에게 합리적으로 전파되는 탑다운(Top-Down) 방식이 기본적으로 중요하다고 볼 수 있다.

스타벅스의 리더십을 통한 변화관리 사례는 유명하다. 1980년대에서 1990년대 스타벅스의 급속한 성장을 이끌었던 하워드 슐츠(Howard Schultz)는 지난 2000년 CEO 자리에서 물러났다가 8년이 지난 2008년 1월 CEO로 복귀한다.* 그는 복귀하자마자 스타벅스만이 제공할 수 있는 고객 경험을 다시 공고히 하는 것을 비전으로 삼고 전사 직원들과 직접 소통에 나섰다. 임원들뿐만이 아니라 일반 파트너들(스타벅스는 직원들에게 회사의 동업자라는 인식을 심어주기 위해 모든 직원들을 파트너라고 칭한다)에게 회사의 비전과 전략적 기조에 대해 궁금증과 의견이 있으면 직접 이메일을 보내라고 하였고, 한 달 동안 파트너들에

* 현재 시점으로 보면, 지난 2017년 CEO직에서 다시 물러나면서 스타벅스 명예회장으로 지내다 2022년 4월 임시 CEO이긴 하지만 세 번째로 경영 일선에 복귀하여 현역으로 활동하고 있다

게 받은 이메일은 5,000통 이상이었다. 그는 파트너들이 보내온 이메일에 대해 하나하나 직접 회신을 하거나 전화를 걸어 논의하면서 새로운 변화에 대한 필요성과 그에 대한 비전, 전략 등을 전달하였고, 파트너들은 CEO가 직접 나서서까지 변화를 주도해야만 하는 절실한 상황이라는 것을 크게 깨달아 스스로 변화에 동참할 수 있었다.

또한 스타벅스의 고객 접점은 전통적으로 세상 곳곳에 깔려 있는 매장이었고, 그 매장에서 고객에게 스타벅스만의 가치를 제공해 왔기 때문에, 하워드 슐츠는 변화관리도 매장으로부터 시작되어야 한다고 믿었다. 그는 미국 전역의 대표적인 7천 개 이상의 매장을 대상으로 영업시간 중의 손실에도 불구하고 3시간이 넘게 문을 닫고 약 13만 5천 명의 바리스타 또는 파트너들에게 스타벅스 본연의 고객 경험에 대해 다시 교육을 시키기도 하였다. 더불어, 1만 명 이상의 관리자급을 대상으로는 3-4일간의 리더십 컨퍼런스를 진행하며 스타벅스의 새로운 비전에 대한 관리자의 역할에 대해 강조하였다. 하워드 슐츠의 이러한 변화관리 전략은 조직 문화나 일하는 방식으로 성공적으로 안착되어 파트너들 스스로 고객 경험을 중심으로 사고할 수 있게 하였고, 이는 곧 비즈니스의 지속적 성장으로 이어지게 되었다.

| 스타벅스 매장 수 추이와 하워드 슐츠의 CEO 행방 |

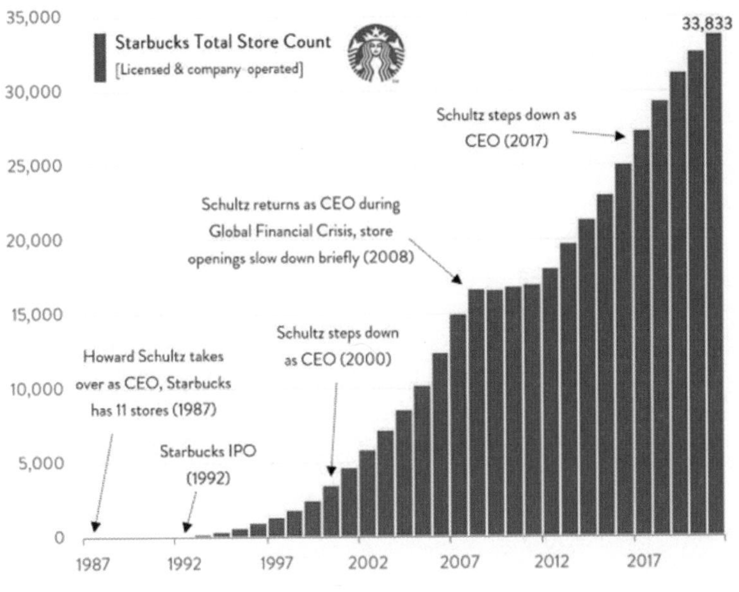

출처: chartr

스타벅스의 사례는 CEO의 의지의 전파력이 하일라이트된 사례긴 하지만, 탑다운 방식으로만 변화관리를 성공시킨 것이 아닐 것임이 분명하다. 수직적 방식만으로는 구성원들의 진정한 변화 의지를 불러일으킬 수 없기 때문이다. CDP 도입과 데이터 활용의 목적, 그 기대효과를 검토할 때부터 구성원들의 의견을 수평적으로 참고하고, 혁신 과정을 공유하면서 현장의 기대를 반영하는 바텀업(Bottom-Up) 방식이 함께 추구되어야 궁극적으로 구성원들의 변화에 대한 능동성을 끌어낼 수 있다. 조직적 구조의 가장 아랫단에 있는 현장의 직원들에게 동기를 부여하는 활동은 탑다운으로 하되, 이로 인해 발생하는 스스로 변화하고자 하는 능동성을 지속적으로 지지할 수 있는 장치가 마련되어 있어야 한다.

자, 이제 책을 마무리해야 하는 시점이다. 필자는 앞에서 '디지털 대전환의 중심에는 결국 인간이 있다' 라고 하였다. 풀어서 이야기하면, 인간은 누구나 어떠한 기업의 고객이고 기술은 고객 없이는 스스로 가치를 발산할 수 없기 때문에 디지털 트랜스포메이션은 결국 고객이 이끌어 간다는 것이다. 기업은 고객이 잠재적으로 요구하는 것들에 대해 최신 기술로 대응하면서 기업 관점에서의 디지털 트랜스포메이션을 추진하는데, 여기서 간과하면 안 되는 것은, 기업 관점의 디지털 트랜스포메이션 추진을 위한 고객 이해, 기술 적용 등을 수행하는 것도 결국 기업의 '내부 고객'인 임직원들의 몫이라는 것이다. 디지털 대전환 시대의 기업들의 생존은 결국 기업 내, 외부의 고객들에 달린 것처럼 보인다.

앞으로 메타버스(Metaverse: '가공, 추상'을 의미하는 메타(Meta)와 '현실 세계'를 의미하는 유니버스(Universe)의 합성어로, 현실세계와 같이 인간들의 사회·경제·문화 활동이 이뤄지는 3차원 가상세계를 뜻함)나 디지털 휴먼 등의 기술이 확장되게 되면 현실에서의 폭증하는 데이터와 함께 디지털 가상 세상에서는 더 많은 데이터가 만들어질 것이 불을 보듯 뻔하다.

| 메타버스 이미지 |

출처: thecoinrepublic

그렇게 되면 데이터를 통해 오프라인과 온라인을 연결하여 고객 경험 여정을 이해해야 하는 것을 넘어, 현실과 가상을 연결하여 그것을 분석하는 것이 고객 경험 여정 이해의 궁극적 방법이 될 것이다. 온오프라인, 그리고 기업 내외부 데이터의 연계를 통해 CEJ를 분석하는 기술도 현재로서는 완벽하지 않은데, 현실과 가상을 연결해야 한다는 것이 와닿지 않을 수 있을 것이다. 그러나 이러한 미래는 반드시 온다. 정확히 예측할 수는 없지만 새로운 기술이 성숙될 때는 언제나 그렇듯이 어느 순간 불쑥 찾아올 것이 분명하다. 기업들은 이 미래에서의 경쟁력을 잃지 않으려면 지금부터 대비해야 한다.

물론 이러한 준비는 쉽지만은 않다. CDP 등의 물리적 프로젝트를 성공적으로 수행하면서, CEJ나 실시간 데이터 드리븐 마케팅 등의 성숙하지 않은 기술을 통해 고객에게는 경험의 측면에서 새로운 가치를 전달해야 하고 임직원 관점에서는 사고 방식과 일하는 문화의 혁신이 동반되어야 하기 때문이다. 그럼에도 작더라도 전략적으로 시작하여 성공적 경험이든 실패의 교훈이든 나름의 과실을 맛보고, 이를 통해 좀 더 확장 가능한 시야를 갖는 것과 동시에 조금씩 진화되는 것을 느껴봐야 한다. 디지털 트랜스포메이션은 시도하고 배우고 다시 시도하여 성공 경험을 축적해 나가는 멀고도 험한 여정임을 반드시 기억해야 할 것이다.